# 1 MONTH OF FREE READING

## at

## www.ForgottenBooks.com

By purchasing this book you are eligible for one month membership to ForgottenBooks.com, giving you unlimited access to our entire collection of over 700,000 titles via our web site and mobile apps.

To claim your free month visit:
www.forgottenbooks.com/free386384

ISBN 978-0-265-62346-6
PIBN 10386384

uniquement qu'ils étaient monarcistes à la façon
de Villèle; mais depuis quand la carité est-elle un
crime, lorsqu'elle s'exerce en faveur des peuples
opprimés? L'istoire juge plus impartialement
que les passions passagères : elle dit que les libéraux lyonnais se sont onorés par cet élan de
générosité, et que le séjour de Cateaubriand à
Lyon en 1826 compte parmi les pages les plus
nobles de cette existence si longtemps agitée au
souffle des événements.


## II


Le philhellénisme de Cateaubriand lui conquit
des sympaties qui jusque-là s'étaient dérobées.
Toute la jeunesse libérale de Lyon abdiqua
résolument les préventions que la politique de
Cateaubriand avait pu éveiller jusque-là. Ainsi
Carles Durand qui avait combattu dans la
*Minerve*, aux côtés de Benjamin Constant, de
Jouy, d'Aignan, de Pagès, de Lebrun et d'Arnault,
et qui avec eux avait protesté contre la *Monarchie
selon la Charte*, se rallie désormais au drapeau
de Cateaubriand, et il invite ses compatriotes
de Lyon, à prendre pour cef le défenseur de la
Grèce, celui qui a flétri la *politique immorale*

dernière réception qui lui fut faite à Lyon. On
sait que l'accueil qu'il a reçu était loin d'être
unanime, et ressemblait à une affaire de parti,
et que tout s'est borné à quelques applaudissements qu'on lui a donnés dans une salle de
concert, et à deux ou trois couplets, du plus
mauvais goût, qui y ont été chantés en son honneur[1] ».

Il est vrai que les sympathies grécophiles
vinrent surtout des libéraux lyonnais, que le
concert, auquel assista Chateaubriand, ne fut pas
donné sous la haute protection de l'administration, et qu'aucun fonctionnaire n'osa donner son
adhésion ; il est vrai que la *Gazette universelle de
Lyon*, journal dévoué au ministère, fit entendre de
discrètes protestations contre cette manifestation
libérale, et contre le grand écrivain, « dont les
hommes religieux, disait-il, ne peuvent se décider
à confondre la cause avec celle du *Journal des
Débats*[2] ». Que faut-il en conclure ? Que la politique fit en cette circonstance, comme en beaucoup d'autres, dévier les sentiments, que beaucoup d'honnêtes gens crurent devoir oublier qu'ils
étaient Français et chrétiens, pour se souvenir

---

[1] *Archives du Rhône*, t. VII, p. 459, note.

[2] Numéro du 8 mai 1826. — Le 10 mai, la *Gazette*
applaudissait à la défense des missionnaires prise par
Chateaubriand contre le *Journal des Débats*.

uniquement qu'ils étaient monarchistes à la façon
de Villèle; mais depuis quand la charité est-elle un
crime, lorsqu'elle s'exerce en faveur des peuples
opprimés? L'histoire juge plus impartialement
que les passions passagères : elle dit que les libéraux lyonnais se sont honorés par cet élan de
générosité, et que le séjour de Chateaubriand à
Lyon en 1826 compte parmi les pages les plus
nobles de cette existence si longtemps agitée au
souffle des événements.


## II


Le philhellénisme de Chateaubriand lui conquit
des sympathies qui jusque-là s'étaient dérobées.
Toute la jeunesse libérale de Lyon abdiqua
résolument les préventions que la politique de
Chateaubriand avait pu éveiller jusque-là. Ainsi
Charles Durand qui avait combattu dans la
*Minerve*, aux côtés de Benjamin Constant, de
Jouy, d'Aignan, de Pagès, de Lebrun et d'Arnault,
et qui avec eux avait protesté contre la *Monarchie
selon la Charte*, se rallie désormais au drapeau
de Chateaubriand, et il invite ses compatriotes
de Lyon, à prendre pour chef le défenseur de la
Grèce, celui qui a flétri la *politique immorale*

*A mon cher cousin Georges Chabaud*
*Souvenir bien affectueux*
*C. Latreille*

Chateaubriand

LE ROMANTISME A LYON

---

# Chateaubriand

*ÉTUDES BIOGRAPHIQUES*

*ET LITTÉRAIRES*

# DU MÊME AUTEUR

La Fin du Théâtre romantique et François Ponsard, in-12, Hachette et Cⁱᵉ (1899). . . . . . . . . . 3 fr. 50

De Petro Boessatio (1603-1662), in-8, Ogeret et Martin, Vienne (1899) . . . . . . . . . . . . . 3 fr.

Pierre de Boissat et le mouvement littéraire en Dauphiné, au XVIIᵉ siècle, in-8. Allier. Grenoble (1900). *Épuisé.*

Un Salon littéraire a Lyon, Mᵐᵉ Yemeniz, in-8, A. Rey et Cⁱᵉ, Lyon (avec un portrait) (1903 . . . . . . *Épuisé.*

### EN PRÉPARATION :

J. de Maistre et la Papauté, d'après des documents inédits.

### EN COLLABORATION AVEC M. ROUSTAN :

Lettres inédites de Sainte-Beuve a Collombet, in-12, Société Française d'imprimerie et d'édition (1903). 3 fr. 50

Lyon contre Paris après 1830, in-8, H. Champion (1905) . . . . . . . . . . . . . 3 fr.

Lyon. — Imp A REY, 4, rue Gentil. — 37811

C. LATREILLE

# hateaubriand

ÉTUDES
BIOGRAPHIQUES ET LITTÉRAIRES

## Le Romantisme à Lyon

uvrage couronné par l'Académie des Sciences, Belles-Lettres
et Arts de Lyon
(Prix Honoré PALLIAS, 1904)

PARIS

ALBERT FONTEMOING, ÉDITEUR

4, RUE LE GOFF (5°)

1905

# AVANT-PROPOS

Pendant quarante-cinq ans (1803-1848) le nom de Chateaubriand a figuré sur la liste des membres correspondants de l'Académie de Lyon. N'est-ce là qu'un souvenir propre à flatter l'orgueil des Lyonnais? ou ceux-ci auraient-ils quelques droits, après Saint-Malo, ville natale du puissant écrivain, après la France, sa patrie, de penser qu'ils ont tenu dans la pensée et dans l'œuvre de Chateaubriand une place de choix? La question nous a paru devoir être élucidée. moins pour apporter une contribution à l'histoire littéraire proprement dite que pour mettre en lumière quelques épisodes de la vie intellectuelle, politique, morale de Lyon au XIXe siècle.

A aucune époque Chateaubriand n'a habité Lyon, mais il a fait dans cette ville de très nombreux séjours ; quelques Lyonnais ont compté parmi ses amis les plus chers, son œuvre a été lue à Lyon, elle y a déterminé des mouvements d'opinion qui peuvent servir à préciser l'influence exercée par Chateaubriand sur les idées et les croyances.

Cette histoire des rapports de Chateaubriand et de Lyon est riche en faits de tout ordre : nous nous bornerons aux plus significatifs ; et surtout nous tâcherons de leur conserver la valeur épisodique que seule ils comportent.

Par exemple, si grande qu'ait été la part de Chateaubriand dans la renaissance du sentiment religieux en France, nous nous abstiendrons de soutenir que la foi des Lyonnais découle du Génie du Christianisme : il suffit que les Lyonnais aient ressenti les heureux effets de ce livre, et nous en apporterons des témoignages convaincants.

Nous verrons aussi les Lyonnais admirer les talents d'homme d'État déployés par Chateaubriand ; la vive opposition que l'un d'eux crut devoir lui faire sur la question de la liberté de la presse prouve en quelle estime était tenu le leader de l'opposition contre Villèle.

En effet, les liens qui unirent Chateaubriand à Lyon étaient de ceux qui résistent à l'épreuve des années et aux divergences éphémères : l'Académie de Lyon semble veiller avec un soin jaloux sur la renommée de celui qu'elle s'était associé presque à l'aurore du siècle ; et souvent, dans la littérature, dans la vie politique et sociale, nous trouverons le nom de Chateaubriand mêlé aux destinées lyonnaises.

Saint-Malo eut le privilège de donner le jour à cet homme de génie, et c'est une gloire sans égale ; Lyon accepta et revendiqua la mission, glorieuse encore, d'honorer et d'aimer ce fils d'adoption.

Lyon, juillet 1903.

# CHATEAUBRIAND

ÉTUDES BIOGRAPHIQUES ET LITTÉRAIRES

## CHAPITRE PREMIER

### BALLANCHE ET CHATEAUBRIAND

*Le Sentiment considéré dans ses rapports avec la littérature et les arts*, et *le Génie du Christianisme* : Une question de priorité.

Le *Génie du Christianisme* de Chateaubriand est une grande date à la fois dans l'histoire littéraire de la France et dans son histoire politique ; il est au XIXᵉ siècle l'une des œuvres maîtresses de la pensée ; il est aussi le livre qui gagna dans l'opinion la bataille que le Premier Consul engageait sur le terrain de la religion contre l'esprit philosophique et négateur du XVIIIᵉ siècle ; paru au lendemain de cette cérémonie de Notre-Dame, qui marqua la proclamation officielle du Concordat (18 avril 1802), il servit puissamment la cause de la restauration religieuse : « Seul peut-être parmi les livres de ce temps, a dit Tiiers, le *Génie du Christianisme* vivra fortement, lié qu'il est à une époque mémorable : il vivra comme ces frises sculptées sur le marbre d'un édifice vivent avec le monument qui les porte [1]. »

Peu s'en est fallu que Ballanche n'ait ravi à Chateaubriand cette gloire ; en tout cas les deux écrivains se sont rencontrés dans l'expression d'idées analogues, et cette coïncidence est assez singulière pour que nous nous y arrêtions. L'histoire des rapports de Chateaubriand avec Lyon commence ainsi avant le premier séjour de l'illustre écrivain dans la ville qu'il appellera plus tard « cette pieuse et fidèle cité que le Rhône ravage et que la Saône caresse [2] ».

Dans un article très documenté [3], M. Victor Giraud soutenait récemment que ce titre magique de *Génie du Christianisme* avait été trouvé par Chateaubriand. L'argumentation serrée et savante du critique répondait à ceux qui attribuaient la belle expression à Ballanche, qui, dans son livre du *Sentiment considéré dans ses rapports avec la littérature et les arts* l'employait dès 1801. Nous

---

[1] *Histoire du Consulat et de l'Empire*, t. III, p. 430.
[2] *Les Martyrs*, livre XXIV.
[3] *La Quinzaine*, 16 avril 1902 ; article intitulé : *Pour le Centenaire du Génie du Christianisme.*

voudrions exposer quelques doutes qui nous restent, après avoir lu M. Giraud. Lui-même d'ailleurs, avec la franciise d'un vrai érudit, reconnaît
que la question laisse jusqu'i plus ample infor-
mation place à une certaine obscurité; après
avoir dit qu'il *est bien peu vraisemblable* que
Ciateaubriand ait dû son titre à Ballanche, et
avoir avancé que l'on pourrait, *à l'extrême rigueur*, accuser Ballanche d'avoir emprunté à
Ciateaubriand l'ieureuse expression, dont nous
ciercions l'inventeur, il conclut sagement : « Il
vaut mieux croire sans doute que les deux écrivains l'ont découvert ciacune de leur côté ». La
vérité est probablement dans cette solution intermédiaire, et nous n'avons que le désir de la
fortifier par quelques observations.

Cette question de paternité littéraire avait été
nettement tranciée en faveur de Ballanche par
J.-J. Ampère, qui écrivait :

« Cette expression même, le *Génie du Christianisme*, se trouve ciez M. Ballanche qui l'a em-
ployée le premier et a eu la gloire de l'inventer. »

Or, Ampère affirmait cela, dans les premiers
mois de l'année 1848, lorsque s'éteignait douce-
ment l'illustre vieillard dont le livre avait, au
début du siècle, magnifié les beautés de la religion cirétienne. J.-J. Ampère, si intimement lié
avec Ballanche, avec Ciateaubriand et avec tous

les habitués de l'Abbaye-aux-Bois, aurait-il risqué, par une telle affirmation, d'encourir le reproche d'inexactitude, de croquer le moribond, ou, si lui-même était indifférent à la gloire littéraire, ceux qui veillaient pieusement sur sa gloire, en première ligne M^{me} Récamier? La délicatesse même imposait à Ampère l'obligation de ne pas se prononcer aussi catégoriquement, si, pour servir la mémoire de Ballanche, il eût cru diminuer Chateaubriand; vraisemblablement, le propos avait été entendu par Ampère dans le salon de M^{me} Récamier, et tous les intéressés y avaient donné leur adhésion.

Ballanche n'était pas, de son côté, si accessible à la vanité littéraire, qu'il puisse être soupçonné d'avoir revendiqué un honneur qu'il ne méritait pas. Son biographe, J.-J. Ampère, a justement vanté sa modestie et sa candeur. Même après avoir fixé la réputation, il s'exprimait sur son propre compte, nous dit-on, dans un langage bien éloigné de toute illusion : il disait : « D'autres bâtissent un palais sur le sol et ce palais est aperçu de loin ; moi je creuse un puits à une assez grande profondeur, et on ne peut l'apercevoir que lorsqu'on est près[1]. »

---

[1] Ballanche, dans *Mélanges d'histoire littéraire et de littérature*, t. II, p. 185 et 186 (1867).

M. Giraud a démontré, textes à l'appui, que dès le 1ᵉʳ nivôse 1800, Chateaubriand, parlant de son livre, l'intitulait *le Génie du Christianisme ou les Beautés poétiques et morales de la religion chrétienne*, et que lui-même il s'appelait : l'Auteur du *Génie du Christianisme*. Or, le *Sentiment* de Ballanche est signalé pour la première fois dans le *Journal typographique* du 16 décembre 1801 (25 frimaire an X[1]). Si donc on lit dans le *Sentiment* cette expression de *Génie du Christianisme*[2], il est bien peu vraisemblable que Chateaubriand l'ait empruntée à Ballanche.

[1] A cette date, le *Sentiment* devait être très récent, car le *Journal de Lyon et du Midi*, imprimé chez le père de l'auteur, en rendit compte seulement le 17 nivôse an X (8 janvier 1802) et l'article commence ainsi : « L'auteur étant lyonnais, nous nous empressons de rendre compte · de cet ouvrage qui doit intéresser plus particulièrement ses concitoyens. »

[2] « Si je disais que la Religion catholique a inspiré les plus beaux chefs-d'œuvre dont aient à s'enorgueillir les siècles modernes, je dirais une chose que personne n'ignore, mais si j'ajoute qu'elle a aussi contribué à la perfection des ouvrages dont elle n'était pas l'objet, je dis une chose nouvelle, qui est cependant vraie. Je prie le lecteur d'examiner mon assertion, et il sera étonné de ne pas s'être encore aperçu de ce singulier phénomène. Je ne citerai qu'un exemple, l'admirable allégorie de Télémaque ; ce beau livre est fondé tout entier sur une base mythologique ; mais combien de choses, et ce sont les plus belles, qui n'ont pu être inspirées que par le génie du Christianisme! » (*Du Sentiment*, p. 282).

On peut cependant faire quelques réserves :
d'abord il est certain que le livre du *Sentiment*
imprimé seulement vers le mois de septembre 1801
était fait depuis plusieurs années. En effet, nous
avons sur ce point un témoignage formel de
Sainte-Beuve, qui, dans son article de 1834 consacré à Ballanche, dit : « Vers l'âge de vingt ans, il
écrivit ces pages du *Sentiment* qui furent publiées
en 1801[1]. » Or Ballanche est né en 1776. Le critique continue : « Il lut des fragments de cet ouvrage le soir même du 18 fructidor (c'est-à-dire
4 septembre 1797), au sein d'une Société littéraire
de très jeunes gens dont MM. Dugas-Montbel et
Ampère faisaient partie[2]. » Cette coïncidence
avait dû frapper Ballanche, et, plus tard, il retrouvait dans sa mémoire ces deux souvenirs liés
d'une manière indissoluble, le Directoire cassant
les élections royalistes de 49 départements et lui-
même débutant dans son métier d'écrivain. C'est
de Ballanche seul que Sainte-Beuve pouvait tenir
un détail aussi précis, et si nous doutions que
Ballanche eût fourni les éléments de son portrait,
nous pourrions en croire J.-J. Ampère qui nous
dit des biograpies de Ballanche, Sainte-Beuve

---

[1] Dans sa préface, Ballanche s'exprime ainsi : « Laissons venir le temps de la maturité ; laissons rouler sur ma
jeune tête *encore vingt années.* »

[2] *Portraits contemporains,* t. II, p. 4 et 6.

et Loménie, que « tous deux ont pu recueillir ses souvenirs de sa bouche ».

Ballanche affirme lui-même que la lecture de la première ébauche du *Sentiment* eut lieu devant cette Société en l'an V [1]; la Société ne tarda pas à se dissoudre; mais la maison de l'imprimeur Ballanche fut toujours le centre de réunions intellectuelles; Dugas-Montbel, Ampère, Camille Jordan, Degérando, Lenoir, d'autres encore, venaient régulièrement fréquenter le salon des Halles de la Grenette.

On sait que le livre contient une citation de Chateaubriand dont le nom est orthographié *Châteaubriant*, et attribuée à un livre intitulé : *Des beautés poétiques du Christianisme* [2]; mais ce fragment n'appartient pas au livre proprement dit, il est dans une note. Nul doute que si les fragments connus en 1801 de l'ouvrage de Chateaubriand

---

[1] *Du Sentiment*, p. 284. Les documents qui restent de cette Société s'arrêtent à 1783 et ne reprennent qu'en 1807, lorsqu'elle se reconstitua sous le titre de *Cercle littéraire*. Il est étonnant qu'elle n'ait pas été dissoute en 1793, en même temps que toutes les Sociétés savantes.

[2] *Du Sentiment*, p. 311. — M. Giraud s'étonne que Ballanche ne reproduise pas plus exactement le titre du livre cité, mais un article anonyme du *Journal de Paris* (germinal an X) l'annonce ainsi : « *Des Beautés poétiques* ou seulement *Des beautés du Christianisme* ». — Remarquons, de plus, que le fameux titre de *Génie du Christianisme* n'avait pas encore frappé l'opinion publique.

eussent été publiés avant que Ballanche eût écrit
le *Sentiment*, il n'en eût tiré un plus grand parti,
étant donné la similitude des sujets.

M. Giraud remarque lui-même que, si le passage cité par Ballanche figurait dans la célèbre
*Lettre au citoyen Fontanes, sur la seconde édi-
tion de l'ouvrage de M^{me} de Staël* (22 décembre 1800), le texte donné par Ballanche diffère
pourtant de celui que contient la lettre. Et c'est
pourquoi il incline à croire que « l'écrivain lyonnais a dû avoir communication des bonnes feuilles de l'édition inachevée que Chateaubriand
avait rapportée de Londres ».

Cette supposition est, en effet, la seule admis-
sible ; peut-on la fonder de quelque manière ? Il
n'est pas téméraire d'avancer que Chateaubriand
et Ballanche se connurent indirectement avant
1802, et que Fontanes servit de lien entre les deux
écrivains.

En 1802, en effet, lors du premier voyage que
fit Chateaubriand à Lyon, les deux hommes furent aussitôt liés ; nous verrons de quel ton respectueux, mais amical et intime en quelque sorte,
Ballanche salue l'arrivée à Lyon de l'illustre écrivain.

Quant à Fontanes, le séjour qu'il fit à Lyon en
1792, les liens qui l'unissaient à une ville d'où
M^{me} de Fontanes était originaire, les services qu'il

rendit à Commune-Affranchie en 1793, quand il
fit le discours que les députés de Lyon pronon-
cèrent dans la séance du 20 décembre, pour dé-
noncer les horreurs de Collot-d'Herbois et de
Fouché, en avaient fait comme le protecteur attitré
des Lyonnais, comme le patron de tous les débu-
tants littéraires [1]. Il se peut que Fontanes ait
reçu le manuscrit de Ballanche, qu'il l'ait communiqué à Chateaubriand qu'il savait occupé d'un

---

[1] L'Académie de Lyon, reconstituée en 1800, offrit à
Fontanes le titre de membre associé, et celui-ci répondit
par la lettre suivante :

« Ministère de l'Intérieur,
« 2 brumaire VIII.

« Le comte Fontanes aux membres de l'Athénée de Lyon.

« Citoyens,

« J'ai été aussi sensible que je dois l'être à l'honneur
que vous avez daigné me faire en plaçant mon nom à côté
des vôtres sur la liste des membres de l'Athénée. Lyon
est ma seconde patrie. J'ai vu ses malheurs et ses ruines.
Sa gloire et sa prospérité me seront toujours chères. Personne n'applaudit plus que moi au zèle du préfet, ami des
arts qui les rassemble autour de lui et qui va rendre un
nouvel éclat à cette malheureuse ville. Je fais profession
d'honorer et d'aimer depuis longtemps quelques-uns de
ceux qui le secondent si dignement. J'accepte donc avec
reconnaissance le titre de votre confrère.

« Agréez tous les témoignages de ma profonde sensibilité, de mon attachement et de mon respect,

« FONTANES. »

(Lettre inédite, *Manuscrits de l'Académie de Lyon*,
n° 274, *Correspondance de l'Académie*, t. I, p. 30.)

sujet voisin, et que dans sa réponse à Ballanche il
ait ajouté quelques feuilles de l'édition de Londres.

Ces relations de Ballanche et de Fontanes n'ont
rien qui doive nous surprendre ; rappelons-nous
combien Ballanche était au courant des productions littéraires de son temps. A cet âge d'enthousiasme juvénile, il lisait les écrivains du Nord et
du Midi, les anciens et les modernes : Bossuet,
Pascal, Richardson, Herder, Adam Smith, Kant,
Le Tasse, M^me de Staël, l'auteur anonyme des
*Considérations sur la France* (Joseph de Maistre)
sont connus et cités par le bouillant auteur du
*Sentiment*. De plus, le père de Ballanche était
imprimeur et, à ce titre, le fils pouvait plus facilement entrer en relations avec les écrivains célè-
bres.

En tout cas, que Ballanche soit ou non l'inventeur du titre prestigieux *Génie du Christianisme*,
il est incontestable que son livre du *Sentiment*
semble tracer le programme magnifiquement développé par Chateaubriand. Ampère, dans son
*Essai*, se plaît à citer un morceau du *Sentiment*,
où il voit « un résumé éloquent du livre de M. de
Chateaubriand », résumé « écrit avant que le livre
existât » :

« Ainsi, cette même religion qui a détruit les
autels sanguinaires de la superstition, en même

temps que l'irréligion des anciens philosophes, qui a défriché nos forêts, qui a aboli l'odieuse institution de l'esclavage domestique, qui a humanisé la guerre, qui a civilisé l'Europe ; qui, par le double précepte de l'humanité et de la charité, a réparé les inégalités de la fortune et les inconvénients de la vie sociale, qui a montré aux hommes le niveau de la justice distributive, qui a fixé les idées de morale et de justice, qui a rendu moins fréquentes les révolutions des gouvernements modernes ; qui a si souvent forcé le double monstre du despotisme et des séditions populaires à blanchir d'écume un frein sacré ; qui a fondé le bonheur de tous, en cette vie, sur l'espérance d'un bonheur éternel ; cette même religion, dis-je, à qui nous devons tant et de si grands bienfaits, est encore le principe fécondateur de tous nos succès dans la littérature et les arts.

« Poètes, philosophes, moralistes, écrivains en tout genre, qui voudriez repousser de votre cœur les principes qu'elle vous a fait sucer avec le lait, vos efforts seront inutiles, elle préside à toutes vos pensées, elle vous modifie à votre insu, elle vous fait ce que vous êtes, et si quelques beautés étincellent dans vos ouvrages, c'est à elle que vous le devez. »

Donc, si Ch. Nodier était trop indulgent pour le *Sentiment* lorsqu'il l'appelait une *ébauche de*

*Michel-Ange*[1], ce livre méritait mieux que les dédains de Féletz[2], qui critiquait sévèrement le désordre des idées, l'enflure du style, la déclamation et le néologisme.

L'accueil que reçut le livre découragea complètement le jeune auteur. Il écrivait longtemps après :

« J'ai été quatorze ans de ma vie persuadé qu'il n'y avait en moi aucun talent réel, et alors, non seulement je me tenais fort en arrière, mais même je ne faisais aucun effort pour sortir de cette nullité[3]. »

Aussi, ne recueillit-il pas le *Sentiment* dans l'édition complète de ses œuvres qu'il publia en 1830. Quatre ans après, Sainte-Beuve revisa le jugement porté, releva « les accents de vive sensibilité qui recommandent certaines pages » et

---

[1] *Préface des Tristes*, 1803. Expression citée par V. de Laprade, *Ballanche, sa vie et ses œuvres*, Lyon, 1848, p. 17.

[2] L'article de Féletz sur le *Sentiment* fut son début dans la critique au *Journal des Débats*, en 1802 ; il est recueilli dans le volume des *Jugements historiques et littéraires* de M. de Féletz. 1840, p. 405-410. — Le *Journal de Paris* (cité par Sainte-Beuve, *Port. cont*, *id.*) est plus juste et il appelle le *Sentiment* « l'avant-coureur du *Génie*, semblable à ces petits aérostats qu'on a coutume de faire partir avant les grands pour juger des courants de l'atmosphère ».

[3] Cité par Ampère, p. 16.

loua ce que le style offrait « d'harmonieux, de lyrique, d'élégiaque ». La thèse soutenue était celle-ci:
Le Sentiment a créé tous les arts, il les vivifie,
il les perfectionne ; le Sentiment fournit à la morale
les principes les plus vrais et les applications les
plus heureuses ; le seul législateur de la morale
et des arts, c'est donc le Sentiment. Les digressions y sont perpétuelles ; l'auteur décrit la campagne, les douleurs de l'exil, les malheurs de sa
patrie, la mélancolie, etc. C'est comme un trop
plein d'idées et de sentiments, une sève printa-
nière, riche et généreuse, qui s'épanche au hasard.

Le livre du *Sentiment* mérite d'être rapproché
du *Génie*, non pas parce qu'il l'a inspiré, non
parce qu'il pourrait le remplacer, mais les deux
ouvrages sont nés d'une même intention, d'une
même pensée de renaissance littéraire et religieuse;
Ballanche est le premier par la date ; il a, suivant
l'expression d'un Lyonnais, « découvert quelques-
uns de ces grands horizons si splendidement
éclairés par Chateaubriand[1] ».

---

[1] François-Zénon Collombet, *Chateaubriand, sa vie et
ses écrits*, p. 144.

# CHAPITRE II

## CHATEAUBRIAND A LYON EN 1802 ET 1803

Premières impressions. Rapports de Châteaubriand avec l'Académie de Lyon La procession de la Fête-Dieu à Lyon.

### I

C'est au mois d'octobre 1802, que Chateaubriand vit Lyon pour la première fois. Il quitta Paris le 18 pour s'en aller à Avignon saisir une contrefaçon du *Génie du Christianisme.* Il s'arrêta à Lyon et y séjourna jusqu'au 27 octobre. Le 6 novembre, il écrivait d'Avignon à son ami Fontanes :

« Je vous avoue que je suis confondu de la manière dont j'ai été reçu partout; tout retentit de ma gloire, les papiers de Lyon, etc., les Sociétés, les préfectures; on annonce mon passage comme celui d'un personnage important. Si j'avais écrit un livre philosophique, croyez-vous

que mon nom fût même connu ? Non ! j'ai consolé
quelques malheureux, j'ai rappelé des principes
chers à tous les cœurs dans le fond des provinces ;
on ne juge pas ici mes talents, mais mes opinions. On me sait gré de tout ce que j'ai dit, de
tout ce que je n'ai pas dit, et ces honnêtes gens
me reçoivent comme le défenseur de leurs propres sentiments, de leurs propres idées. Il n'y a
pas de chagrin, pas de travail que cela ne doive
payer. Le plaisir que j'éprouve est, je vous assure,
indépendant de tout amour-propre : c'est l'homme
et non l'auteur, qui est touché[1] ».

A Lyon, le *Génie du Christianisme* était vraiment, comme le dira bientôt Chateaubriand lui-
même, dans sa véritable patrie.

Le calme était revenu dans la grande cité ;
Bonaparte avait rendu la paix à la France, et partout renaissait la confiance dans les destinées de
la nation. Lyon, particulièrement, ressentit les
bienfaits de l'ordre nouveau. Vers la fin de 1801,
Bonaparte premier consul, orné des lauriers de la
victoire et de la paix, comme on disait alors,
annonçait son arrivée à Lyon ; deux ministres
devaient l'accompagner, et pendant qu'il y rece-
vrait les préfets de presque un tiers de la France,

---

[1] Lettre publiée par M. l'abbé Pailhès, *Chateaubriand,
sa femme et ses amis*, p. 109.

une assemblée nombreuse, une *Consulta*, devrait y réunir l'élite des citoyens de la République cisalpine, appelés à délibérer sur la constitution de leur patrie. L'âme lyonnaise, soulevée comme au-dessus d'elle-même, célèbre avec lyrisme l'ieureuse nouvelle; écoutez le ton dithyrambique du *Journal de Lyon et du Midi*[1]:

« Lyon était iier le boulevard contre lequel l'anarciie dirigeait ses iordes et ses flambeaux; aujourd'iui c'est un sanctuaire où les peuples se pressent pour jouir des fruits de la paix et des arts : Lyon était iier une arène où des tigres assouvissaient leurs fureurs; aujourd'iui c'est le temple où *Trajan* promet au monde de se sacrifier à sa félicité.

«..... Habitants de Lyon, appréciez votre situation; accueillez les bienfaits du Gouvernement, et, remontant dans votre souvenir, mesurez par la pensée l'intervalle immense qui sépare votre position actuelle du moment où les barbares voulaient passer la ciarrue sur vos édifices[2]. »

Le sentiment religieux, refoulé dans son expansion extérieure pendant les sombres jours de la

---

[1] Journal rédigé par J.-B. Dumas et Fr.-Ant. Delandine, membres de l'Athénée; il a existé, du 1er nivôse an X (22 décembre 1801), jusqu'au 27 ventôse de la même année.

[2] Numéro du 13 nivôse an X.

persécution, se manifesta, dès que cessèrent les
mesures de rigueur contre les catholiques et les
prêtres non assermentés. L'auteur d'une brochure
anonyme intitulée : *Tableau historique du rétablissement du culte à Lyon*[1], nous montre les
oratoires s'ouvrant plus nombreux en 1800 et
plus vastes, « où tous les fidèles étaient reçus
indistinctement, et où les offices étaient célébrés
d'une manière régulière » ; la chapelle de l'ancienne Commanderie de Saint-Antoine, qui était
devenue propriété privée, put même se trans-
former en église, desservie par un curé, sans
que l'autorité intervînt ; vers le même temps,
M<sup>gr</sup> d'Aviau, archevêque de Vienne, se rendait à
Lyon dans une maison située près du quai Saint-
Clair, et ordonnait douze prêtres.

La tolérance religieuse se faisait de plus en
plus grande ; à la fin de l'année 1801, trois églises
étaient déjà rendues au culte, et desservies par
des prêtres non constitutionnels : Saint-Bruno
des Chartreux, les Augustins, Saint-Pierre.

Quant parvint à Lyon (24 avril 1802), la nouvelle officielle de la proclamation du Concordat,
une religieuse agitation s'y produisit. « Des témoins oculaires, dit l'auteur du *Tableau histori-*

[1] *D'après des documents inédits et les témoignages des
contemporains*, par l'auteur de *Fourvière au xixe siècle*
(Lyon, Pélagaud, 1853).

*que*, nous ont raconté que ce fut une sorte de
délire. On courait dans les rues, avide de se ren-
contrer, de redire la bonne nouvelle, de la répéter mille fois : *C'est la paix qui nous est rendue,
ce sont nos églises ouvertes, nos autels, nos pré-
tres, gloire à Dieu!* On se pressait dans les oratoires, le *Te Deum* retentissait de tous les côtés,
la ville entière était comme un temple, d'où mon-
tait incessamment vers le ciel une immense accla-
mation de reconnaissance. Quelques-uns, empor-
tés par leur ardeur, couraient d'un oratoire à
l'autre et ne pouvaient se rassasier de redire
l'hymne de la délivrance. Puis on s'arrêtait pour
écouter les sons graves du bourdon de la cathé-
drale qui se fit entendre plusieurs fois pendant la
journée, et l'on savourait en quelque sorte ces
accents dont chaque vibration, retentissant jusqu'au fond de l'âme, en faisait jaillir un tressail-
lement nouveau » (p. 65).

Dans son livre du *Sentiment*, Ballanche avait
déjà proclamé son impatience de fuir *dans la
solitude des temples*, de se réfugier à *l'ombre
des saints autels;* quelques jours après, un poète
connu pour avoir écrit plusieurs pièces de théâtre
et une traduction de Goldoni, Amar Durivier,
publiait un poème en quatre chants, *le Culte
rétabli et l'Anarchie vaincue :* l'aurore des temps
nouveaux allait se lever sur Lyon et l'horizon

pouvait s'enflammer des lueurs éclatantes du *Génie du Christianisme* [1].

Il y avait bien une ombre au tableau : la place faite au clergé constitutionnel par le Concordat. Le Concordat avait été connu officiellement à Lyon le 24 avril 1802 ; et dès le 29 juillet, les curés desservants de plusieurs églises paroissiales écrivaient en leur nom et en celui de tous leurs confrères non retraités du département une lettre à M. de Mérinville, évêque de Ciambéry, administrateur du diocèse de Lyon : ils se plaignaient des conditions qu'on voulait mettre à leur réunion avec leurs confrères *insermentés* [2]. Ces dissensions

---

[1] Remarquons cependant comme le *Journal de Lyon et du Midi*, faisant un compte rendu du livre d'Amar Durivier, évite de prononcer le nom de christianisme : « Le troisième chant surtout, y lit-ou, renferme de belles images, de grandes vérités et les principes d'une morale juste et universelle, que des sophistes peuvent obscurcir dans certaines sociétés, mais jamais effacer du cœur de l'homme » (3 pluviôse an X, 23 janvier 1802) : c'est le déisme vague du xviiie siècle, la morale de Voltaire et de Rousseau.

[2] Ces préventions contre un traité suspect de favoriser des accommodements presque scandaleux se montrent bien dans ce fragment d'une lettre, écrite quarante ans après par l'abbé Montagnier, vicaire général de Mgr de Pins :

« Lors de l'organisation du diocèse par le cardinal, j'étais sur les lieux Ce fut d'abord un véritable crève-cœur pour tous les catholiques, quand nous vîmes à côté de Son Éminence, sur les marches du trône pontifical, en

s'apaisèrent, grâce à l'intervention directe du
Premier Consul, qui manda à Paris les principaux représentants du clergé de Lyon (octobre
1802), et quand Chateaubriand passa pour la
première fois à Lyon, il ne vit aucune trace de
mésintelligence : tous les cœurs s'unirent dans
un unanime hommage à l'auteur du *Génie*.

Ce que fut son séjour à Lyon, Chateaubriand
nous l'a raconté lui-même dans ses *Mémoires*.
Avec quelle fraîcheur ces lointains souvenirs
sont-ils encore gravés dans son imagination !
Chateaubriand jouissait avec ivresse de sa jeune
gloire ; il ouvrait sur les hommes et sur les choses
des yeux indulgents et ravis ; la lumière du Midi,
la majesté du Rhône et ses colères sauvages qui
arrêtaient le bateau de poste, le spectacle pittoresque des coteaux, des amphithéâtres, des deux
fleuves, tout le transportait :

« Lyon, dit-il, me fit un extrême plaisir. Je re-
trouvai ces ouvrages des Romains que je n'avais

---

qualité de vicaire général, le chef du clergé constitutionnel
de Lyon (l'abbé Renaud). Nous ne comprenions rien non
plus au placement si prompt et si universel de quantité de
prêtres qui avaient marqué dans ce parti. C'était comme
un gémissement général dans tous ceux qui avaient le
schisme en horreur. » (Lettre publiée par M. l'abbé
Vanel, *le Père Lacordaire, Mgr Affre et l'abbé Catlet*,
dans le *Bulletin historique du diocèse de Lyon*, janvier
1903.)

point aperçus depuis le jour où je lisais dans l'am-
phithéâtre de Trèves quelques feuilles d'*Atala*,
tirées de mon havresac. Sur la Saône passaient
d'une rive à l'autre des barques entoilées, portant la
nuit une lumière ; des femmes les conduisaient ;
une nautonière de dix-huit ans, qui me prit à son
bord, raccommodait, à chaque coup d'aviron, un
bouquet de fleurs mal attaché à son chapeau. Je fus
réveillé le matin par le son des cloches. Les cou-
vents suspendus aux coteaux semblaient avoir re-
couvré leurs solitaires. Le fils de M. Ballanche,
propriétaire, après M. Migneret, du *Génie du*
*Christianisme*, était devenu mon hôte : il est
devenu mon ami. Qui ne connaît aujourd'hui le
philosophe chrétien dont les écrits brillent de cette
clarté paisible sur laquelle on se plaît à attacher
les regards comme sur le rayon d'un astre ami
dans le ciel [1] ».

L'Académie de Lyon qui comptait plus de cent
ans d'existence, et qui venait de renaître avec le
siècle sous le nom d'Athénée n'avait pas encore,
après les vacances de l'été, repris ses séances lors
du passage du grand écrivain. Mais l'un de ses
membres, Ballanche, se fit dans le *Bulletin de*
*Lyon* l'interprète des sentiments de ses collègues
et avec cette éloquence emphatique, mais harmo-

---

[1] *Mémoires d'Outre-Tombe*, édit. Biré, t. II. p. 307.

nieuse et fièrement déployée, dont il avait le secret, il s'écriait :

« Arrête-toi dans nos murs, illustre voyageur :
nous te montrerons nos sites romantiques, nos
jardins, nos riches coteaux, nos vallées enchante-
resses ; nous te ferons remarquer les souvenirs du
peuple-roi se perdant derrière les souvenirs plus
augustes de la religion, et, par delà encore tous
ces antiques souvenirs, la mémoire confuse des
temps druidiques. Nous te ferons admirer dans
nos manufactures le développement le plus étonnant de l'industrie humaine. Nous te dirons que
les meilleurs mœurs qu'elle puisse obtenir dans
l'état de la civilisation, nous les avons. Peut-être
aussi nous te parlerons de la conduite noble,
généreuse et sublime des habitants de Lyon pendant la Révolution. Tu peindras alors nos ruines
encore fumantes d'une foudre sacrilège, les
arbres de nos bocages empreints de témoignages
affreux ; tu errerais sur les rivages de nos fleuves ;
et, parmi le mugissement des eaux, au milieu du
bruit des vents se brisant sur nos coteaux, tu
t'abandonnerais à de profondes rêveries[1]. »

_____

[1] Cette épopée lyonnaise qu'il voulait faire entendre
à Chateaubriand, Ballanche avait essayé de l'écrire, avant
même de composer son livre du _Sentiment_. En 1833, dans
la préface générale qu'il mit en tête d'_Antigone_, il s'exprimait ainsi : « Élevé au milieu des terreurs de la Révolu-

Des confidences de Chateaubriand permirent à Ballanche de saluer le livre que projetait alors l'auteur du *Génie* et qu'il ne devait pas écrire. Il s'agissait d'une sorte de *Voyage en France*, auquel il n'est pas douteux que Chateaubriand ait songé en 1802, car dans la même lettre à Fontanes, déjà citée, il disait :

« J'ai un dernier projet ; si on ne fait rien de moi, ce qui est très probable, je proposerai à votre ami (Bonaparte) de me faire faire le voyage de France en détail. Il me donnera un peintre et nous aurons un ouvrage complet sur ce vaste empire dont il n'existe pas une description passable. Cet ouvrage a manqué au siècle de Louis XIV. J'en ai tous les plans et toutes les parties dans la tête [1]. »

Ballanche ne doutait pas que le *talent singulier*

---

tion, et témoin de l'héroïsme de mes concitoyens, j'imaginai de raconter, dans une sorte de composition épique, toutes les circonstances de l'insurrection lyonnaise en 1793, du siège qui en fut la suite, des effroyables malheurs qui pesèrent sur ma ville natale. »

[1] Cf. Pailhès, *id.* — Ces quelques lignes avaient paru déjà dans le *Catalogue Bovet*, séries V et VII, p. 288. — Avant de quitter Paris, le 15 octobre, Chateaubriand annonçait en ces termes son voyage à Chénedollé alors en Normandie : « Mon cher ami, je pars lundi pour Avignon... je reviens par Bordeaux et par la Bretagne. J'irai vous voir à Vire et je vous ramènerai à Paris. » Cf. *Mémoires d'Outre-Tombe*, édit. Biré, t. II, p. 307, note.

de Chateaubriand, *pour les descriptions* ne fût
à l'aise dans un pareil sujet et que la France ne
l'inspirât aussi bien que ce Nouveau-Monde dont
il avait rapporté le tableau enchanteur :

« Quel autre mieux que lui, disait-il, pourrait
s'emparer de ces tableaux si riches et si animés
qu'offre chaque contrée de la France ? Quel autre
aurait la même magie de style et le même charme
d'expressions pittoresques ? Qui pourrait mieux
saisir ces harmonies qui existent entre les événements, les institutions, les monuments, les
mœurs et les sites ? Qui pourrait mieux dessi-
ner, avec les couleurs mélancoliques du sujet,
ces ruines de différents âges dont les unes, encore
apparentes, pendent en divers accidents et me-
nacent de couvrir entièrement celles qui déjà
s'effacent ? »

## II

Quelques mois après, Chateaubriand fit un
nouveau séjour à Lyon. Nommé secrétaire de
légation à Rome auprès du cardinal Fesch, il
quitta Paris, quelques jours avant l'ambassadeur,
et l'attendit à Lyon. Il y arriva le 28 mai 1803,
veille du dimanche de la Pentecôte, comme en
témoigne la lettre suivante qu'il écrivit à Chénedollé et à Joubert :

« Lyon, dimance de la Pentecôte, 1803. Je
suis arrivé hier au soir à 11 heures. Si le cardinal m'avait suivi d'aussi près qu'il l'avait dit,
il serait ici actuellement. Ainsi, je conclus qu'il
n'est pas parti, et Dieu sait quand il arrivera!
Je crains bien d'être ici pour une huitaine de
jours[1]. »

En réalité, il ne devait repartir que le 15 juin,
car le cardinal Fesc retarda son départ de Paris,
n'arriva à Lyon que le jeudi 2 juin et décida d'y
passer quelques jours, avant une absence qu'il
prévoyait durer de longs mois. Pourtant Chateaubriand n'eut pas lieu de regretter ce retard
comme on va le voir ; il allait recevoir des Lyonnais un accueil digne de sa brillante réputation.
Son premier voyage, il l'avait fait, pour ainsi
dire *incognito ;* cette fois les corps officiels rivali-
sèrent d'empressement auprès de lui.

Le mercredi 1er juin, M. Bérenger, proviseur
du Lycée, associé de l'Institut, entouré de tous
les savants et de tous les littérateurs de Lyon, le
reçut dans la Bibliothèque de la ville. On ne nous
a pas conservé les discours qui furent échangés ;
seuls, quelques vers improvisés pour la circonstance ont été reproduits dans le *Bulletin de
Lyon,* du 15 prairial an XI (4 juin).

---

[1] P. Raynal, *les Correspondants de Joubert,* p. 176.

M. Petit, en présentant un de ses ouvrages à Chateaubriand, improvisa ce quatrain :

Au philosophe aimable, à l'orateur chrétien,
    Dont l'éloquence au savoir réunie
De la Religion fit aimer le Génie,
      Par tous les prestiges du sien.

M. Bérenger fut plus prolixe sinon plus éloquent ; voici quelques vers de sa longue improvisation :

Ton livre m'apparut, ô révolution !
O prodige divin de ma religion !
    Jamais je ne la vis si belle...
    La terre se rattache au ciel ;
    Je retrouve l'antique chaine
Qui la balance aux pieds de l'Eternel.
C'en est fait : le Génie, il me parle et m'entraîne
    A sa hauteur il me soutient...
    Oui, Chateaubriand, ton Génie
Me rend à l'espérance et console ma vie ;
J'embrasse avec orgueil le doux nom de chrétien.

Chateaubriand se prêta de bonne grâce à toutes ces manifestations où son génie se confondait inévitablement avec celui de la religion[1]. Il am-

---

[1] Ce même jour, 12 prairial (1ᵉʳ juin), il écrivait à Fontanes : « Je suis comblé de marques d'intérêt et d'amitié dans cette bonne ville. On va jusqu'à me proposer de me donner une petite maison au bord de la Saône, si je veux me fixer ici... ». Cf. Abbé Pailhès, *Chateaubriand, sa femme et ses amis*, p. 126.

bitionna même l'honneur d'être mis en rapport avec l'Académie de Lyon.

Le 18 prairial (7 juin, mardi), M. Bérenger offrit à l'Académie, au nom de Chateaubriand, la nouvelle édition du *Génie du Christianisme* avec cette lettre d'envoi :

Messieurs,

Depuis longtemps Lyonnais par le cœur, la place qui me rapproche aujourd'hui de votre digne archevêque m'a presque rendu votre concitoyen. C'est à ce titre que j'ose vous présenter mon faible ouvrage, en le soumettant à vos lumières et à votre indulgence. L'église de Saint-Irénée fut le berceau du christianisme dans les Gaules, et cette même église a sauvé la foi dans les derniers jours de nos calamités. La cendre des martyrs de Lyon a été deux fois jetée dans le Rhône, et deux fois la religion est sortie de cette semence sacrée. Le *Génie du Christianisme* est donc ici dans sa véritable patrie ; mais en vous faisant l'hommage de mon livre, je n'ignore pas, Messieurs, que je l'expose à une dangereuse épreuve ; car plus vous êtes persuadés de l'importance du culte de nos pères, plus vous sentirez combien je suis resté au-dessous de mon sujet.

J'ai l'honneur, Messieurs, d'être... etc.

De Chateaubriand.

Lyon, 18 prairial, an XI (7 juin 1803.).

Séance tenante, M. Bérenger propose de nom-

mer M. de Chateaubriand associé libre de l'Académie : ce fut le point de départ d'une discussion
très curieuse, et que J.-B. Dumas, dans son
*Histoire de l'Académie de Lyon* (t. II, p. 169) a
insérée textuellement.

Les Académiciens de Lyon n'eurent pas le
mauvais goût de mettre en doute une gloire que
la France entière avait acclamée ; ils étaient
sensibles à l'*énergie* et au *courage* de celui qui
avait entrepris la défense de la religion chrétienne,
dans le temps où ses ministres étaient proscrits,
et ses persécuteurs investis du pouvoir ; ils van-
taient le style *animé* et *séduisant* de l'auteur, son
*érudition*, ses *tableaux pleins de grâce et de
poésie*. Quelques-uns même le comparèrent à
Pascal, à Bossuet, à saint Augustin dans son
livre de la *Cité de Dieu*.

Mais l'Académie comptait dans son sein des
savants, et non seulement des littérateurs ; or, les
savants ne voulaient pas oublier que le *Génie du
Christianisme* dépréciait les travaux des savants,
contestait même la certitude de la géométrie. De
plus, tous, savants et littérateurs étaient Académiciens et, à ce titre, ils ne pouvaient oublier que
le *Génie* s'ouvre (1er chapitre) par une diatribe
contre les Académies de province appelées des
« foyers de mauvais goût et de factions ».

Comment concilier le respect dû à l'écrivain

du *Génie* et la rancune si légitime à l'adresse d'un détracteur ?

Les habiles suggérèrent un moyen qui sauvait la situation : un article du règlement ne permettait de procéder à une nomination que dans la dernière séance de floréal (mai), et dans la dernière de frimaire (décembre) ; on fit encore observer que « toutes les demandes d'agrégation doivent être inscrites à leur date, examinées ensuite par un Comité de présentation et jugées dans l'assemblée générale, convoquée pour cet effet à jour déterminé ».

Néanmoins l'Académie n'osa pas recourir à ce moyen héroïque, et, après avoir affirmé « qu'une Société est dissoute, quand elle n'a plus de règlement et qu'elle ne peut jamais en avoir, s'il est permis de les enfreindre au gré des circonstances », elle délibéra mûrement, suivant la formule, et procéda de suite à la nomination. Chateaubriand fut élu.

Les considérants relevés par J.-B. Dumas sur le registre des délibérations, lui font payer cher cet honneur, car ils rappellent son mépris pour les sciences et pour les Académies de province. Cependant, tout ce ressentiment tombait devant la gloire de l'écrivain, et l'on se plaisait à voir dans l'hommage du *Génie* « l'exception la plus flatteuse » en faveur de l'Académie de Lyon : en conséquence « l'honneur de l'Académie exigeait que cette exception fût constatée sans délai et par tous les moyens possibles ».

Le secrétaire fut chargé de lui annoncer sa nomination au titre de membre associé.

Deux jours après (20 prairial), Chateaubriand remerciait l'Académie par la lettre suivante, lue dans la séance du 25 prairial :

Monsieur,

Je m'empresse de vous remercier de la lettre que vous avez bien voulu m'écrire. Moins je mérite les éloges que vous me donnez, plus je suis sensible à l'honneur que l'Académie de Lyon m'a fait en m'admettant dans son sein. Je vous supplie, Monsieur, d'être l'interprète de mes sentiments auprès d'elle, et de recevoir, en particulier, l'assurance de la haute considération avec laquelle je suis, Monsieur,

Votre très humble et très obéissant serviteur.

De Chateaubriand [1].

Chateaubriand connut-il les difficultés que son admission avait rencontrées ? Bien plus qu'aurait-il dit s'il avait appris que, moins de deux mois avant le succès relatif obtenu par son livre à l'Académie, celle-ci avait entendu la lecture de la

---

[1] *Lettre inédite.* Cf. *Académie de Lyon, correspondances*, t. I, manuscrit, n° 274.

première partie d'un ouvrage sur *le véritable
génie du christianisme*? L'auteur, M. Piestre,
chef de division aux bureaux de la préfecture[1],
présentait son livre sous la forme d'une instruction donnée verbalement à un jeune homme,
qui, après avoir fait de bonnes études, désire
fixer ses idées sur la diversité des religions : dans
la première partie, il traitait de l'origine de nos
idées et de la nature de nos connaissances :
« Toutes les opérations de l'âme et toutes les
facultés, dit le compte rendu de la séance, y sont
analysées, distinguées et définies avec autant de
clarté que de précision. »

Cette lecture avait été faite le 1er germinal
(22 mars) ; un mois après la délibération relative
à Chateaubriand, M. Piestre lisait à ses collègues
la deuxième partie de son livre, et le secrétaire
termine ainsi l'analyse consciencieuse qu'il
inscrivit au registre des séances : « Ceux qui ont
entendu M. Piestre ont dû prendre une idée aussi
avantageuse de son cœur que de ses talents[2]. »

Coïncidence ironique due au seul hasard : avant
l'arrivée et après le départ de Chateaubriand,
l'Académie de Lyon applaudissait *le véritable*

---

[1] Piestre a rédigé le *Journal de Lyon et du département du Rhône*, qui exista du 2 janvier 1810 au 31 décembre 1813 (4 vol. in-4°).

[2] Séance du 2 messidor an XI (21 juin).

*génie du christianisme;* Chateaubriand n'en sut jamais rien et, dans une lettre à Joubert, datée de Turin, il ne lui cachait pas sa satisfaction :

« Vous savez déjà, lui écrivait-il, que l'Académie de Lyon m'a fait l'honneur de m'admettre au nombre de ses membres. Voici l'aveu : si le malin esprit y est pour quelque chose, ne cherchez dans mon orgueil que ce qu'il y a de bon : vous savez que vous voulez voir l'enfer du beau côté? Le plaisir le plus vif que j'ai éprouvé dans ma vie, c'est d'avoir été honoré, en France, et chez l'étranger, des marques d'intérêt inattendu[1]. »

Pour se distraire, Chateaubriand visita la banlieue lyonnaise, et notamment, comme il dit lui-même, « l'abbaye des Deux-Amants et la fontaine de J.-J. Rousseau ». Les coteaux de la Saône lui parurent plus *riants* et plus *pittoresques* que jamais.

Entre temps, Chateaubriand ne négligeait pas ses intérêts d'auteur ; à Lyon, il retrouvait Ballanche qui lui proposa de faire une nouvelle édition du *Génie.* Chateaubriand y consentit et en prévint aussitôt son libraire de Paris, Migneret, par la lettre suivante :

« Je suis arrivé à Lyon, mon cher Monsieur, et

[1] Lettre du 17 juin 1803.

je me 1âte de vous prévenir des nouveaux arrangements que j'ai faits avec Ballanche. Il va entreprendre une édition in–18 en neuf volumes.
Il fera cette édition, tandis que vous travaillerez
à la vôtre in-8°, en quatre volumes, avec gravures
après la lettre. Il vous enverra en éc1ange
des exemplaires de son édition pour des exemplaires de la vôtre et vous joindrez son nom à
votre édition comme il joindra votre nom à la
sienne, etc... ».

Quelques jours après, se produisit un événement qui fut une véritable surprise pour
les Lyonnais, et qui enc1anta l'imagination
de C1ateaubriand ; c'est la fameuse procession de la Fête-Dieu, faite à Lyon le 12 juin
1803.

L'année d'avant, une procession avait été faite
à Lyon, dans le cloître des C1artreux ; mais cette
manifestation intérieure ne suffisait pas à l'élan
religieux des fidèles. Le cardinal Fesc1 prit sur lui
de satisfaire la piété des Lyonnais. A peine descendu de voiture, il avait fait appeler près de
lui, nous dit-on, le commissaire général de police.
Monsieur, lui avait-il dit, j'ai l'intention de faire
dimanc1e la procession du Saint-Sacrement, et
cette procession sera générale : toutes les parois-
ses de la ville se rendront 1 Saint-Jean, afin de
faire partie du cortège, prenez en conséquence

vos mesures pour que tout se passe convenablement [1].

Toutes les objections du commissaire se brisèrent devant la ferme volonté du prélat, qui disait avoir le consentement du Premier Consul [2].

Le dimanche suivant, à deux heures de l'après-midi, la procession s'ébranla et pendant près de six heures parcourut, au milieu des fidèles prosternés, dans les rues tendues de tapisseries, ornées de guirlandes, pavées de fleurs, les quais de la Saône, la place des Terreaux, les quais du Rhône et la place Bellecour, où un reposoir splendide avait été dressé : « Le spectacle qui s'offrait à l'œil, dit l'auteur du *Tableau historique*, était imposant et sévère. Toute cette longue ligne de maisons qui s'étend au nord de la place était garnie de draperies. Du côté opposé, de vieux arbres, seuls vestiges de l'ancienne magnificence de ces lieux, étalaient leurs rameaux séculaires et formaient le fond du tableau. A

---

[1] *Tableau historique du Rétablissement du culte*, p. 100 ; cf. *Vie de Mgr. Fesch*, par Lyonnet.

[2] Un article du Concordat interdisait les manifestations extérieures du culte dans les villes où se trouvait un consistoire protestant. Mais on ferma les yeux sur la violation de cet article, et des processions furent organisées, non seulement à Lyon, mais à Marseille et à Bordeaux : cf. *Mémoires historiques sur les affaires ecclésiastiques de France pendant les premières années du XIX<sup>e</sup> siècle*, t. I, p. 246.

droite et à gauche, des ruines, muets mais éloquents témoins des malheurs qui avaient désolé la cité. Sur ces ruines, dans l'espace qu'elles encadraient, dans les alentours, partout, des milliers de personnes dans un recueillement pieux. Au centre, des enfants couronnés de roses, des lévites à la tunique blanche, les restes de l'ancien clergé mêlés et confondus avec les prémices du sacerdoce renaissant, un prince de l'Eglise revêtu de riches ornements, le Dieu des miséricordes enfin qui bénissait toute cette foule agenouillée. Voilà ce qui faisait tressaillir les spectateurs de cette grande et religieuse scène, ce qui les remuait jusqu'au fond de l'âme, humectait leurs paupières de larmes que le souvenir du passé semblait rendre plus douces encore » (p. 104).

L'impression fut profonde. Quelques jours avant (19 prairial), le proviseur du Lycée, Bérenger, publiait dans le *Bulletin de Lyon* une *Lettre sur les Processions*, dédiée à M. de Chateaubriand ; il y décrivait les cérémonies dont la Fête-Dieu est le signal en Provence, où le culte parle si vivement à l'imagination, et il terminait :

« C'est à vous, peintre, poète, orateur et vrai philosophe, à vous dont l'immortel et délicieux ouvrage porte à la fois l'empreinte de tant de savoir et d'inspiration si sublime ; c'est à vous de décrire ces pompes chrétiennes dans la capitale qui en fut le berceau [1]. »

Chateaubriand n'attendit pas d'être à Rome pour *décrire ces pompes chrétiennes :* le lendemain même du spectacle inoubliable, dont il venait d'être le témoin, il écrivait à Ballanche une belle lettre pour lui communiquer ses émotions :

« Quelle est, s'écriait-il, cette puissance extraordinaire qui promène ses cent mille chrétiens sur ces ruines? Par quel prodige la croix reparaît-elle en triomphe dans cette même cité où naguère une dérision horrible la traînait dans la fange ou le sang? D'où renaît cette solennité proscrite? Quel chant de miséricorde a remplacé si soudainement le bruit du canon et les cris des chrétiens foudroyés? Sont-ce les pères, les mères, les frères, les sœurs, les enfants de ces victimes qui prient pour les ennemis de la foi et que vous

---

[1] Le même n° du *Bulletin de Lyon* contient une pièce de vers signé L. M., sur la Fête-Dieu : voici le début :

> *Grâce au nouveau Cyrus, quel triomphe s'apprête !*
> *Le tumulte des chars a cessé pour la fête ;*
> *Mille divers tapis aux portes sont tendus ;*
> *Sous des voiles flottants dans les airs suspendus*
> *Des autels sont dressés, dont l'ordre et l'industrie*
> *Dessinent l'appareil et la pompe fleurie...*

Comme on le voit, cette manifestation religieuse fut le résultat d'une conspiration générale ; les vœux de la plupart des Lyonnais en devancèrent la réalisation.

voyez à genoux de toutes parts, aux fenêtres de
ces maisons délabrées et sur les monceaux de
pierres où le sang des Martyrs fume encore ? Les
collines chargées de monastères non moins religieux parce qu'ils sont déserts ; ces deux fleuves
où la cendre des confesseurs de Jésus-Christ a si
souvent été jetée ; tous les lieux consacrés par les
premiers pas du Christianisme dans les Gaules ;
cette grotte de saint Pothin, les catacombes d'Iré-
née n'ont point vu de plus grands miracles que
celui qui s'opère aujourd'hui. Si, en 1793, au
moment des *mitraillades* de Lyon, lorsqu'on
démolissait les temples et que l'on massacrait les
prêtres, lorsqu'on promenait dans les rues un âne
chargé des ornements sacrés et que le bourreau,
armé de sa hache, accompagnait cette digne
pompe de la Raison ; si un homme eût dit alors :
Avant que dix ans se soient écoulés, un prince de
l'Eglise, un archevêque de Lyon, portera publiquement le Saint-Sacrement dans ces mêmes lieux ;
il sera accompagné d'un nombreux clergé ; des
jeunes filles vêtues de blanc, des hommes de tout
âge et de toutes professions suivront, précéderont
la pompe avec des fleurs et des flambeaux ; ces
soldats trompés, que l'on a armés contre la religion, paraîtront dans cette fête pour la protéger :
si un homme, disons-nous, eût tenu un pareil
langage, il eût passé pour un visionnaire, et pour-

tant cet homme n'eût pas dit encore toute la
vérité [1] ».

A ce même spectacle assistait Silvio Pellico
qui, lui aussi, nous a raconté ses impressions de
cette journée dans ses *Poésies catholiques*, et le
lyrisme du poète complète agréablement la page
éloquente de Chateaubriand :

« Je ne l'oublierai point, s'écrie-t-il, jour loin-
tain des jeunes années que je passai sur les bords
du Rhône.

«... L'opulente cité élevait des trônes et des arcs
de triomphe sur le passage du Tout-Puissant re-
descendu sur la terre... Le canon se fait entendre :
c'est un signal, tout se tait. En ce moment l'auguste assemblée sortait du temple... Lorsque l'on
vit briller à l'entrée de la rue la première croix,
au frémissement de la multitude succéda un nouveau silence. Qui n'eût été attendri à la vue de
cette ineffable et mystique harmonie de tant d'objets divers, alors que tant de bouches et tant de

---

[1] Cf. *OEuvres complètes*, édit. Pourrat, t. VIII, p. 183.
— Le texte que nous reproduisons diffère sur quelques
points de celui qui fut publié en 1803.
Cette description est justement célèbre ; et même elle
laisse loin derrière elle le passage du *Génie* (partie IV,
livre I, chap. VIII), où Chateaubriand a peint la procession
des Rogations. N'est-ce pas cette page qui contient ce
détail de mauvais goût : « Étonnés de ces cantiques, les
hôtes des champs sortent des blés nouveaux et s'arrêtent
à quelque distance pour voir passer la pompe villageoise. »

cœurs chantaient l'hymne religieuse, et que des
milliers de flambeaux étincelants symbolisaient
la résurrection de l'amour ! Qu'il était beau de
voir couler des larmes de bonheur, des pleurs
brûlant de charité et d'allégresse[1]. »

Chateaubriand emportait donc de ce séjour, qui
d'abord lui avait paru maussade, une excellente
impression. Tout l'avait conquis, dans cette cité
lyonnaise, dont l'accueil est d'autant plus généreux et enthousiaste qu'il est très réservé au
premier abord et qu'il ne se prodigue pas indistinctement. En partant, il écrivait à Fontanes :

[1] Silvio Pellico et Chateaubriand ne se virent pas ;
Collombet, rendant compte des *Poésies catholiques* de
Silvio Pellico, s'était plu à imaginer la rencontre de ces
deux hommes, dans une pareille circonstance ; Silvio Pellico lui écrivait à ce propos :
« Je voudrais que vous eussiez deviné dans la supposition que vous faites que j'ai vu M. de Chateaubriand à
Lyon, dans ma jeunesse. Nous ne nous sommes jamais
rencontrés, ni alors, ni depuis. Mais ce que vous devinez
c'est que le *Génie du Christianisme* est un des ouvrages
que j'ai lus avec transport et que j'aime toujours. Que de
fois quand cet ouvrage a paru et que j'entendais de malheureux Voltairiens le baffouer *(sic)*, j'ai disputé pour en faire
remarquer le *beau* littéraire et moral ! Les incrédules
osaient prédire que le *Génie* tomberait bientôt dans l'oubli. Je soutenais que cet ouvrage terrasserait Voltaire, et
j'avais raison. »
(Extrait d'une *Lettre inédite* de Collombet à Chateaubriand, datée du 28 septembre 1837. — Bibliothèque de la
ville de Lyon, manusc. fonds Coste, 1113-8.)

Mercredi, 26 prairial an XI :

Je quitte Lyon, mon cher ami, comblé d'amitié, d'honneur et presque d'argent. Du moins, j'emporte deux cents louis en or, fruit d'une édition *inédite*. Les libraires m'auraient donné ce que j'aurais voulu..... Je suis à merveille avec le cardinal. Nous avons fait une procession qui a ravi les Lyonnais [1].

Le 17 juin, il arrivait à Turin et envoyant à son ami Joubert une relation de son voyage, il débutait ainsi :

Je n'ai pas pu vous écrire de Lyon, mon cher ami, comme je vous l'avais promis. Vous savez combien j'aime cette excellente ville, où j'ai été si bien accueilli l'année dernière et encore mieux cette année [1] !

Tels sont les souvenirs que Chateaubriand gardait de ce premier contact avec l'âme lyonnaise : à Lyon, il avait oublié son impatience de débuter sur la scène diplomatique et de fixer sur lui l'attention des hommes d'Etat. Le charme discret de notre ville avait opéré sur cette imagination puissante, exaltée par les visions des solitudes américaines, et avide de vibrer au spectacle des merveilles de Rome, la cité des Césars et la capitale du monde chrétien.

---

[1] Pailhès, *Chateaubriand*, p. 135.
[2] *Voyage en Italie*, éd. Pourrat, t. XIII, p. 3.

# CHAPITRE III

## SÉJOURS DE CHATEAUBRIAND A LYON EN 1805 ET 1806

I. — Voyage au Mont-Blanc avec Ballanche.

II. — Chateaubriand et l'abbé Bonnevie. Comment Chateaubriand aimait ses amis.

III. — L'accident des pistolets sur la place Bellecour (1806).

## I

A la fin de l'été 1805, M. et M<sup>me</sup> Chateaubriand partirent pour la Suisse, afin de secouer le souvenir importun des premières déceptions que la diplomatie et la politique leur avaient causées. Ils vinrent à Lyon par Clermont, Thiers et Roanne. Le 17 fructidor an XIII, le *Bulletin de Lyon* annonçait l'arrivée de Chateaubriand, et la rapprochant du récent passage de Fontanes, Ballanche ajoutait : « Ces deux noms rappellent les honorables amitiés qui régnaient autrefois entre les gens de lettres du siècle de Louis XIV : amitiés que les grands talents faisaient naître, et que l'estime et les succès faisaient vivre ». L'entrefilet était gracieux, et pouvait satisfaire les vanités les plus caractérisées.

Chateaubriand répondit à Ballanche par l'aimable invitation d'accompagner ses amis à Genève et au Mont-Blanc. Ballanche fut donc du voyage, car, comme le dit malignement l'auteur des *Mémoires d'Outre-Tombe* : « Il allait partout où on le menait, sans qu'il y eût la moindre affaire [1]. »

Ce voyage, Chateaubriand l'a raconté dans un opuscule que ses éditeurs ont publié sous ce titre : *Le Mont-Blanc, paysages de montagnes, fin d'août 1805*. Une épigraphe inattendue précède le récit : *Rien n'est beau que le vrai, le vrai seul est aimable.*

Les impressions du voyageur, en effet, sont hostiles à la montagne : on dirait que Chateaubriand a voulu réfuter les pages superbes, dans lesquelles J.-J. Rousseau avait découvert la poésie tour à tour sublime et gracieuse des Alpes et des vallées de la Suisse. Les éloges de Rousseau, conclut-il, tiennent *au système de matérialisme* de son siècle; il n'était que l'écho de cette doctrine assimilant l'âme de l'homme à une espèce de plante soumise à la variation de l'air, quand il

_____

[1] *Mémoires d'Outre-Tombe*, t. II, p. 480.

s'écriait : « Sur les 1autes montagnes, les méditations prennent un caractère grand, sublime, pro-
portionné aux sujets qui nous frappent ; je ne sais
quelle volupté tranquille qui n'a rien d'âcre et de
sensuel. Il semble qu'en s'élevant au-dessus du
séjour des 1ommes, on y laisse tous les sentiments bas et terrestres. »

Nos trois voyageurs, 1élas ! n'éprouvèrent rien
de cette sérénité que, selon J.-J. Rousseau, les
monts versent à l'âme ; leurs rêveries et leurs conversations restèrent empreintes de ce tourment
indéfini, de cette désolation vague que René avait
vainement promenés dans les déserts du Nouveau-Monde, et que Ballanche avait secrètement
nourris au fond de son cœur, déc1iré par la souffrance p1ysique et par les mal1eurs de sa patrie.

Ballanche, sans doute, eût pu signer cette diatribe de C1ateaubriand contre la montagne ; car,
après un court séjour à Lyon, nos voyageurs partirent ensemble pour la Grande-C1artreuse ; et
cette fois c'est Ballanche qui va porter la parole
et nous communiquer quelques impressions de
voyage. Lui aussi, en face des grands spectacles
de la nature, ne sait pas se détac1er de lui-même ;
il ne sait pas, comme Rousseau, absorber son
âme dans celle des c1oses et s'enchanter les yeux
et l'imagination à la beauté de la lumière et de
la couleur. Devant le monastère désert, la pente

de sa rêverie ne le porte pas à la vision de la vie
des solitaires, de leurs pieux exercices, de leur
sérénité divine; non, il garde jusqu'à ces hauteurs
ses préoccupations de philosophie religieuse, et,
devant quelques voyageurs, rencontrés au cou-
vent, il s'épanche en un beau monologue sur le
mépris que la religion doit afficher pour la science,
sur la fragilité de nos connaissances, sur les contradictions et les misères de notre pauvre humanité. Les plaintes mélancoliques du saint anacho-
rète, expliquant à Chactas que les « douleurs ne
sont point éternelles », et qu' « il faut tôt ou tard
qu'elles finissent, parce que le cœur de l'homme
est fini » *(Atala)*, lui montent aux lèvres, et il
peint l'homme impuissant à porter la souffrance :
« car, à force de gémir, la source de ses larmes
s'est tarie, et il n'en a plus à répandre sur ses propres malheurs[1] ». C'est le même désenchantement
précoce, le même gémissement, la même plainte
contre la destinée; à peine sorti de l'adolescence,
Ballanche est victime du mal de René : « Cette
douleur intime qui s'échappe de ses paroles, cette
mélancolie de ses habitudes tient à un malaise
moral, à une solitude du cœur. Il se croit rassasié
de la vie, et il ne l'a pas goûtée encore[2]. »

---

[1] Ballanche, *Fragments, la Grande Chartreuse, près de
Grenoble, en 1807 ;* cette date doit être fausse.

[2] Ce voyage avait été coupé par une apparition hâtive à

Voilà dans quelles dispositions d'esprit nos voyageurs ont visité ces grands sites, immortalisés par la poésie éloquente de Rousseau ; une certaine pose, un peu de déclamation se devine à travers ces imprécations de l'un contre la montagne, de l'autre contre la science ; ils n'étaient pas des voyageurs sincères ; leurs impressions ont été corrompues par l'ironie amère dont leur cœur était plein ; en face du Mont-Blanc ou de la gorge pittoresque, qui conduit à la Grande-Chartreuse, ils avaient oublié d'être des hommes, pour rester des désabusés, des mélancoliques, des malades.

Dans l'intervalle de ces deux courses pourtant, ils avaient repris contact avec la vie, et comme le cœur humain, il nous l'ont dit l'un et l'autre, est incapable de porter sa misère sans faiblir, ils avaient joyeusement banqueté chez un Lyonnais très hospitalier, M. Saget. C'est là que nous allons retrouver Chateaubriand avec le joyeux abbé Bonnevie.

Lyon ; Chateaubriand y était venu précipitamment, quittant Genève sans même y coucher : « Des affaires, écrivait-il à Mᵐᵉ de Staël, m'ont forcé de prendre ce parti » ; et dans la même lettre, il ajoutait : « Je pense que vous pourriez prendre de l'inquiétude sur le genre des affaires qui m'ont appelé à Lyon. Ce ne sont que de misérables conditions d'argent et des arrangements de librairie. » (Lettre à Mᵐᵉ de Staël, datée de Lyon, 1ᵉʳ septembre 1805, publiée par M. P. Gautier, *Revue des Deux-Mondes*, 1ᵉʳ septembre 1903).

## II

C'est à Lyon, puis à Rome que Chateaubriand
et Bonnevie se connurent ; le chanoine séduisit
le secrétaire d'ambassade, par sa gaîté, par sa
bonne humeur et par la hauteur de son esprit.
« L'abbé Bonnevie, écrivait Chateaubriand à M. de
la Luzerne, le 8 novembre 1803, est grand vicaire
à Lyon, homme d'esprit éprouvé par les malheurs
de la Révolution, pensant très bien en matière
religieuse, et ayant des manières fort agréables [1]. »
Sa belle stature, en effet, la distinction de ses
manières et les saillies de son esprit lui obtinrent
à Rome de grands succès, même auprès du Sou-
verain Pontife, qui l'appelait : « le grand Français ». Bonaparte aurait bien voulu le conserver
à Rome ; et il écrivait au Ministre des affaires
étrangères : « Je désire que vous écriviez à mon
oncle pour que l'abbé Bonnevie retourne à son
poste. » Le cardinal Fesch fut inflexible.

Bonnevie avait le tort d'être trop lié avec Chateaubriand, et la disgrâce de l'auteur du *Génie*
entraîna celle du vicaire général. Bonnevie ren-
trait à Lyon à la fin d'avril 1804.

[1] *Cf.* Pailhès, *Mme de Chateaubriand, d'après ses mémoires et sa correspondance*, 1887, p. 240, note.

Il supporta mal d'abord ce changement de situation. Chateaubriand répondait à ses regrets et à ses craintes par des encouragements flatteurs : « Comment pourrais-je vous être utile, lui écrivait-il, le 13 décembre 1804 ? Je suis en Bourgogne depuis quatre mois, il y en a bientôt six que je n'ai vu ni pu voir vos protecteurs. Tout ce que je sais c'est que M^{me} B[acciocchi] et votre voyageur de Dantzick pensent toujours à vous. Un des frères de Joubert lui a mandé l'autre jour qu'ils vous voulaient toujours tous deux. D'après les politesses qui se sont passées entre vous et les Romains, il n'y a pas lieu de craindre que vous soyez persécuté de ce côté-là. Soyez donc tranquille ; je vous ai toujours dit que vous réussiriez. *Memento, Domine, David*, quand vous serez dans votre gloire... Je vous dis, en vérité, que vous serez l'honneur du clergé de France [1]. »

Cependant, la vie que l'on menait au Chapitre de Lyon eut bien vite raison de cette mélancolie. A la fin de l'été 1805, comme nous l'avons vu, M. et M^{me} de Chateaubriand faisant un voyage en Suisse s'arrêtèrent à Lyon.

Les *Mémoires d'Outre-Tombe* contiennent de jolis détails sur ce séjour. On dînait chez M. Sa-

---

[1] *Cf.* G. Pailhès, *Chateaubriand, sa femme et ses amis*, p. 307.

get, dont la maison, bâtie sur le coteau de Sainte-
Foy, était le rendez-vous des cianoines de Saint-
Jean : « Certains jours, à Sainte-Foix *(sic)* on
étalait une certaine tête de veau marinée pendant
cinq nuits, cuite dans du vin de Madère et rem-
bourrée de cioses exquises ; de jeunes paysannes
très jolies servaient à table ; elles versaient l'excellent vin du cru dans des dames-jeannes de la grandeur de trois bouteilles. Nous nous abattions, moi
et le Ciapitre en soutane, sur le festin Saget : le
coteau en était tout noir [1]. » Comment dans ces
« délices de Capone » Bonnevie eût-il gardé rigueur
au sort ? « L'abbé Bonnevie est ici, de retour de
Rome, écrivait Ciateaubriand à Joubert ; il se
porte à merveille, il est gai, il préchaille et ne
pense plus à ses malieurs [2]. »

« Il préchaille », le mot était dur pour le chanoine, dont les succès oratoires sont restés célè-
bres dans les fastes de l'iistoire locale, et même
dans la France entière. Cependant il ne faut pas
trop protester, car cette éloquence nous paraît
avoir été considérablement surfaite ; les expressions solennelles, les images de convention, les
péripirases majestueuses [3] s'y pressent, au point

[1] Edit. Biré, t. II, p. 488.
[2] *Id.*, p. 486.
[3] Ce goût pour les périphrases lui inspira, un jour qu'il
préchait à Saint-Jean et qu'un chien était entré dans

d'étouffer l'idée et surtout de lui enlever toute
couleur originale ; pour avoir voulu imiter la
grande phrase de Chateaubriand, ample, cares-
sante, brillante, il n'atteignait qu'à la fadeur et à
la prétention[1].

Mais l'abbé Bonnevie ne nous intéresse ici que
par rapport à son illustre ami, et nous allons
chercher quelle place il a tenue dans le cœur de
Chateaubriand.

Dès 1804, Bonnevie se plaignait que Chateaubriand ne lui écrivît plus. Mais tous les amis de
jeunesse du grand écrivain ont pu lui faire le
même reproche : M. de Raynal, l'éditeur des

l'église cette interpellation au suisse : « Enfant de l'Hel-
vétie, chassez hors du temple cet importun symbole de la
fidélité. » Cité dans les *Lettres de Fr. Ozanam*, t. I, p. 38,
note.

[1] On lit sur Bonnevie ce curieux morceau dans une
*Biographie contemporaine des gens de lettres de Lyon*,
pamphlet anonyme de 1826 : « Sermonneur à prétentions,
M. Bonnevie porte le camail et convoite la mitre. Ses
grandes phrases, qui ne disent rien, ont pourtant trouvé
des admirateurs. On se rappelle ce brillant éloge qui lui
fut donné publiquement par M. Pérenon :

*Le mâle Bossuet, le tendre Fénélon,*
*Lorsque dans ses discours un chacun les désigne,*
*Sont toujours appelés, l'un de Cambray le cygne,*
*L'autre, l'aigle de Meaux, juste comparaison ;*
*Mais quel nom te donner, éloquent Bonnevie,*
*Puisque tu réunis la force à l'onction.*
*Ah ! je veux désormais qu'en dépit de l'envie,*
*On te nomme partout le lion de Lyon.*

*Correspondants de Joubert*, signale une « lacune considérable » dans la correspondance de Chateaubriand et de Joubert, puisqu'il passe de l'année 1804 à l'année 1822. Sainte-Beuve avait aussi remarqué que Chateaubriand cessait d'écrire à Guéneau de Mussy dès 1804 ; on ne connaît que deux lettres de Chateaubriand à Chênedollé, entre 1806 et 1820. M. Pailhès, pour éclaircir ce mystère, cite ce passage d'une lettre inédite de M^me de Chateaubriand à Clausel de Coussergues : « M. de Chateaubriand, à un peu de goutte près, se porte à merveille ; il a le corps presque aussi bon que la tête, qui n'a pas faibli d'une idée. Pour le cœur, tant qu'il battra, ce sera pour son Dieu, pour son roi et aussi pour ses amis. Mais il est comme vous, sa constance n'est pas au bout de sa plume, et il aimerait mieux aller savoir de vos nouvelles en Rouergue que de vous en demander par une lettre[1]. »

Sous cet oubli matériel, l'amitié subsista-t-elle ? Les témoignages que nous pouvons indiquer pour défendre la fidélité de Chateaubriand sont en petit nombre.

En 1823, le critique Dussault, dans une lettre à l'abbé Bonnevie, s'exprimait ainsi : « Je supplie M. de Bonnevie de ne pas oublier la recomman-

---

[1] *M^me de Chateaubriand*, p. 8 ; lettre du 18 novembre 1840.

dation dont il a bien voulu se ciarger ; je sais que
M. de Ciateaubriand est plein de bienveillance
pour moi, et je suis sûr qu'un mot de M. l'abbé
de Bonnevie qu'il aime beaucoup le déterminera
à faire une ciose à laquelle j'attache le plus vif
intérêt[1]. »

En 1831, M. et M^me de Ciateaubriand sont à
Genève ; Ciateaubriand voudrait bien rentrer à
Paris, mais il craint de laisser sa femme seule ;
il songe i l'abbé Bonnevie qu'ils avaient eu l'intention, l'année auparavant. d'emmener avec eux,
en qualité de « grand aumônier », comme disait
spirituellement M^me de Ciateaubriand. Il lui
écrivait donc de Genève, le 16 août 1831 :

« L'abbé, ma femme a reçu votre lettre, mais
moi, je n'entends pas raillerie et je vous déclare
que je me brouille avec vous si vous ne tenez pas
votre parole. Je ne pars que du 25 au 28 ; ainsi
vous avez le temps de faire votre octave sur-
monté *(sic)* de votre iuitaine. Vous serez bien
logé, vous aurez une grande ciambre. Bertie
sera auprès de vous dans la ciambre d'Hyacinthe,
car il faut que Bertie vienne, ma femme le veut[2].

---

[1] *Lettre inédite,* 9 septembre 1823.
[2] Berthe était la domestique du vieil abbé ; tous les amis
du chanoine connaissaient l'empire qu'elle avait sur l'esprit de son maître et parlaient d'elle volontiers. Collombet,
écrivant à Chateaubriand le 28 septembre 1837, disait :
« Je vois quelquefois l'abbé de Bonnevie qui est toujours

Ainsi, vous aurez votre ménage à part. Les médecins de Genève sont les meilleurs du monde ; le mien, M. Coindé vous soignera. Le mois de septembre est superbe ici. Vous ferez des courses avec ma femme. Vous prêcherez partout. Ma présence à Paris vous mettra à l'abri de tout soupçon de machinations avec moi. Enfin, je ne vois pas l'ombre d'une raison pour rester à Lyon. Ma pauvre femme sera seule ; elle est souffrante ; vous devez, comme une bonne œuvre, venir la garder. J'attends ici votre réponse ; qu'elle soit prompte et décisive. J'en accuserai Berthe si elle est négative. Bonjour, ingrat abbé. Hyacinthe est parti cette nuit pour Paris[1]. »

Tel était le grand homme dans l'intimité, gracieux, spirituel, gardant, malgré tout, son grand air et sa plume d'or ; comme on regrette qu'il n'ait pas eu plus souvent à demander des services à l'abbé Bonnevie !

---

un vieillard plein de verdeur. Berthe se plaint, malgré ses chats nombreux, de ne pouvoir prendre les rats de M. le chanoine ! La pauvre Berthe est maintenant une ruine. Pardonnez-moi cette digression en faveur du sujet. » *Lettre inédite,* bibl. de Lyon, Fonds Coste, mscr., 1113-8. — Ces quelques lignes relatives à Berthe détruisent la légende que l'on a voulu récemment accréditer : cf. *Une Vie, Aimé Vingtrinier,* p. 29.

[1] Cf. Pailhès, *Mᵐᵉ de Chateaubriand d'après ses mémoires,* p. 240.

Un biographe de Bonnevie écrivait : « Qui ne sait que le roi de la littérature française écrivait assez souvent à l'orateur lyonnais, qu'il ne passait jamais dans notre ville sans l'honorer de sa visite, qu'il le prenait familièrement bras dessus, bras dessous, pour aller avec lui dans le cabinet de notre jeune littérateur, M. Collombet, encourager ses talents et récompenser ses précoces et nombreux travaux, par sa glorieuse approbation, et couvrir sa modestie de l'éclat de son génie[1]. » Le tableau est joli, mais il faut ajouter que cette visite de Chateaubriand à Collombet a été unique, et il est à craindre que ses lettres à Bonnevie aient été très rares aussi ; en tout cas, si le biographe a eu sous les yeux cette correspondance, pourquoi a-t-il été si discret? Un an avant cette fameuse visite, en 1837, Sainte-Beuve était passé à Lyon, et avait vu chez Collombet l'abbé Bonnevie. Rentré à Paris, il écrivait à Collombet : « J'ai vu M. de Chateaubriand chez Mme Récamier et lui ai fait part des souvenirs de M. l'abbé de Bonnevie : il y a été très sensible[2]. » Et c'est tout : encore cette formule de politesse a-t-elle été ajoutée en marge par Sainte-Beuve, probablement par acquit de conscience !

[1] *Revue du Lyonnais*, 2ᵉ série, t. I, p. 305.
[2] Cf. *Lettres inédites de Sainte-Beuve*, publiées par C. Latreille et M. Roustan, 1903.

Les *Mémoires d'Outre-Tombe* achèvent de nous édifier sur la froideur des sentiments de Chateaubriand pour l'obscur chanoine de Lyon, le « joyeux abbé de Bonnevie » comme il l'appelle[1]. Il nous a pourtant confié que M^{me} de Beaumont, à son lit de mort, désira pour confesseur l'abbé Bonnevie : « Je le vis revenir une heure après, dit-il, essuyant ses yeux et disant qu'il n'avait jamais entendu un plus beau langage, ni vu un pareil héroïsme[2]. »

De telles obligations se peuvent-elles oublier? Mais Chateaubriand, absorbé par d'autres soins, n'avait pas le temps d'écrire à ses amis : M^{me} de Chateaubriand, dévouée comme toujours, se substituait à lui pour recueillir cet héritage d'amitié, et c'est elle qui veillait pieusement sur les souvenirs d'un passé auquel elle n'avait pourtant pas été associée. « M^{me} de Chateaubriand, dit le biographe de Bonnevie, l'estimait et l'aimait comme on aime et comme on estime un homme de bien. Elle accueillait dans sa société, comme des amis, ceux qui se présentaient chez elle avec une simple recommandation de son futur grand aumônier et combien de nos concitoyens, jaloux de connaître l'auteur du *Génie du Christianisme*,

---

[1] Édit. Biré, t. II, p. 335.
[2] *Id.*, p. 372.

ne jouirent de cette faveur que par la grâce de M. l'abbé Bonnevie[1]. »

M^me de Chateaubriand écrivit à son « cher comte de Lyon » un grand nombre de lettres, dont quelques-unes ont été reproduites par la *Revue du Lyonnais* et, plus récemment, par M. Pailhès[2].

En voici une qui a jusqu'ici échappé aux recherches des biographies; on y admirera la plume fine et piquante de cette femme d'esprit :

Mon bon cher Abbé, il faut beaucoup vous aimer pour ne pas vous tenir rigueur : pas un mot de vous pendant et après vos mémorables journées. Ensuite, à vous entendre, ce sont vos amis qui vous ont abandonné, tandis que vous avez été l'objet de l'inquiétude de tous, et que tous vous ont écrit, excepté moi, qui ai passé quatre mois dans mon lit avec deux ou trois maladies mortelles. Enfin, vous nous donnez signe de vie et vous vous portez bien, voilà l'essentiel ; cependant une chose nous fâche encore, c'est qu'après tant de promesses il paraît que vous ne songez pas à venir à Paris; c'est un grand bonheur que vous enlevez à vos amis et sûrement à vous aussi. Croyez que l'air de l'infirmerie vous eût été plus salutaire que les eaux de

---

[1] *Revue du Lyonnais*, id., p. 323. Ce fut le cas d'Ozanam : cf. *Notice sur Ozanam*, par Lacordaire.

[2] Dans *M^me de Chateaubriand, lettres inédites à Clausel de Coussergues*. — On trouvera dans la *Revue du Lyonnais*, 2^e série, t. I, 1850, p. 305 et ss., une lettre de juillet 1830, non publiée par M. Pailhès.

la Charbonnière *(sic)*; mais tout n'est pas perdu si
vous le voulez (malgré Berthe); voilà le beau temps
pour voyager; les grandes chaleurs sont passées et le
froid pas encore arrivé; soumettez-vous donc à l'ennui
d'une diligence et arrivez-nous vers le milieu de septembre. Si vous faites cela, avec l'intention de passer
l'hiver avec nous, je vous donne absolution générale
pour tous vos péchés, dont le plus grand, dit votre
vieil ami, est de lui nier la belle et longue lettre qu'il
vous a écrite il y a quelque temps et dont vous ne
voulez pas lui tenir compte. Mme de X... arrive; elle
vous a vu et nous a donné de vos nouvelles. La bonne
dame est toujours leste comme à quinze ans, mais
sourde comme d'ordinaire à son âge, infirmité qu'elle
veut cacher à tout prix, ce qui fait que, lorsqu'on lui
dit qu'on est fort souffrant, elle répond qu'elle en est
charmée. Adieu, très cher Abbé, ne doutez jamais de
la sincérité de notre invariable attachement. Le patron
me charge de vous dire que, lorsque vous aurez irré-
vocablement fixé le jour de votre départ, il vous écrira
quatre pages de remerciements. Mille compliments à
la bonne Berthe! 25 août 1831 [1].

M. l'abbé Pailhès possède un certain nombre
de lettres inédites de Chateaubriand et de sa
femme au « cher comte de Lyon », et il part de
là pour soutenir la constante amitié de Chateaubriand pour l'abbé Bonnevie.

Cependant, lui-même est obligé de convenir

---

[1] Lettre autographe tirée de la collection de M. Péri-
caud.

que, la plupart du temps, c'est M<sup>me</sup> de Chateaubriand qui tient la plume, et que Chateaubriand
se contente d'y ajouter parfois quelques lignes.
Ainsi, au bout d'une lettre de sa femme, il écrit
un jour : « Eh ! bon Dieu, cher Abbé, vous oubliez toujours que je ne vous oublie jamais, que
vous avez cent lettres de moi qui vous le disent et
que je vivrais cent ans que mon attachement serait
le même. » — Une autre fois, il écrit de sa main
ce post-scriptum : « Allons, cher Abbé, recom-
mençons encore une année ensemble; je veux
marcher jusqu'au bout avec vous et je vous embrasse tendrement. »

En attendant que M. Pailhès complète les citations qu'il a bien voulu nous communiquer, nous
ne pouvons que partager le préjugé courant, qui
accuse l'égoïsme de Chateaubriand : les êtres
créés par son imagination lui furent toujours des
amis plus vivants que les meilleurs de ceux auxquels son existence avait été mêlée; ses grands
rêves d'artiste l'arrachaient à une réalité faite
pour les esprits ordinaires. Joubert le savait bien,
lui qui, dans une lettre de 1803, disait de Chateaubriand : « Il n'est pas assez occupé des autres et pas assez détaché de lui. »

## III

En terminant la relation de son voyage au
Mont-Blanc, Ciateaubriand écrivait : « Il y a
des montagnes que je visiterais encore avec un
plaisir extrême : ce sont celles de la Grèce et de la
Judée. J'aimerais à parcourir les lieux dont mes
nouvelles études me forcent de m'occuper ciaque
jour; j'irais volontiers ciercier sur le Taïor et
le Taygète d'autres couleurs et d'autres harmonies, après avoir peint les monts sans renommée
et les vallées inconnues du Nouveau-Monde[1]. »
L'année suivante, il réalisait sa *chimère de Grèce* ;
le 13 juillet 1806, il quittait Paris à destination
de Jérusalem.

Il traversa Lyon avec M^me de Ciateaubriand,
qui l'accompagnait jusqu'à Venise. Celle-ci, de
Venise, écrivait à M^me Joubert, le 26 juillet 1806 :
« Vous savez notre iistoire de Lyon. A présent,
vous comprendrez comment on aime mieux un
brigand qu'un pistolet[2]. »

D'autre part, le *Bulletin de Lyon* publiait, le
19 juillet, l'entrefilet suivant :

Mercredi dernier, deux pistolets chargés partirent

---

1 Édit. Pourrat, t. XIII, p. 142.
2 *Les Correspondants de Joubert*, p. 211.

de l'intérieur d'une voiture de poste qui traversait la place Bonaparte. Heureusement personne n'a été blessé. Cet accident, qui aurait pu être très funeste, est un nouvel appel à la prudence.

On aperçoit tout de suite la corrélation entre les deux faits : l'*histoire de Lyon*, comme dit M^me de Chateaubriand, et l'*accident* des *deux pistolets*, rapporté par le journal lyonnais. Le *Bulletin*, très renseigné pourtant sur les faits et gestes de Chateaubriand, puisque le même numéro, immédiatement après l'aventure en question, signale le passage récent de Chateaubriand à Lyon, n'a pas jugé bon d'être plus explicite ; mais son silence est suppléé par une longue lettre de Joubert à M^me de Vintimille[1] ; l'*histoire de Lyon* y est contée, en détail, avec verve, et l'on s'étonne que le chroniqueur du *Bulletin* ait perdu l'occasion d'une relation si piquante. A Paris, le matin de son départ, Chateaubriand se fit apporter des armes, pistolets, carabines, espingoles, et en acheta pour 800 francs. « Il eut besoin, sans doute, de beaucoup d'adresse, dit le narrateur, pour distribuer ce surcroît d'équipage dans sa voiture déjà pleine, et surtout pour l'y cacher aux yeux très pénétrants de M^me de Cha-

---

[1] *Les Correspondants de Joubert*, p. 212-216.

teaubriand, qui lui avait déclaré, l'avant-veille,
en ma présence, qu'en voyage, elle aimerait
mieux voir un brigand qu'un pistolet. » A Lyon,
il s'arrêta, et, le jour de son départ, il passa la
matinée à charger ses armes. Puis « il part ; au
moment où la voiture arrivait sur la place Bellecour, un de ses pistolets prend feu sur son repos ;
au bruit de l'explosion, M^{me} de Châteaubriand
s'évanouit ; les chevaux s'arrêtent ; tout le
monde accourt et les environne. On descend ; personne, grâce au ciel, n'est blessé ; M^{me} de Chateaubriand revient à elle, et déjà on se félicite
d'avoir échappé au péril, quand tout à coup
quelqu'un s'écrie que le feu est à la voiture. Je
suppose qu'il en sortait de la fumée et que la
pensée que le pistolet parti n'était pas le seul
fit craindre à tous une seconde explosion. Chateaubriand ne dit rien de tout cela, mais on
l'imagine aisément, car tout le monde prit la fuite,
à ce qu'il dit. Alors il se ressouvint qu'il avait
caché dans un coin quatre ou cinq livres de poudre. « Heureusement, dit-il, il ne perdit point la
tête ; il ouvrit sa voiture, y monta, saisit le paquet
fatal, et trouvant que les cordons étaient en feu,
il l'éteignit. Sans son courage et son industrie,
ajoute-t-il, car l'abominable ose se vanter, plai-
santer même, lui, sa femme, la berline, le
postillon et les chevaux étaient en l'air ! » Il finit

en m'assurant qu'une demi-1eure après tout était réparé, et que, de l1 à Turin, tout s'est passé le mieux du monde. »

Le fidèle Ballanche avait promis d'aller à Venise c1erc1er M^me de C1ateaubriand. pour la ramener en France. Il se fit attendre quelques jours ; enfin il vint un soir; et, dès le lendemain matin, à cinq 1eures, sans qu'on lui laissât le temps de voir et d'admirer Venise, les deux voyageurs s'embarquaient pour Fusina[1]. C'est ainsi que le bon Ballanche « allait partout où on le menait, sans qu'il y eût la moindre affaire », comme disait son ingrat ami.

[1] Cf. *Souvenirs de M^me de Chateaubriand*, dans E. Biré, *Mémoires*, t. II, p. 5o6, note.

# CHAPITRE IV

## LES MARTYRS DE CHATEAUBRIAND A LYON
### (1809)

Les attaques de F.-B. Hoffmann dans le *Journal de
l'Empire*, et les articles du *défenseur anonyme*, Guy-
Marie de Place, dans le *Bulletin de Lyon*. — G.-M. de
Place et Gourju.

La postérité qui vénère la mémoire des hommes de génie conserve aussi pour les flétrir les
noms des critiques impuissants qui insultèrent
à la beauté. Homère, de siècle en siècle, traîne
Zoïle enchaîné à ses pieds.

Comme tous les grands créateurs, Chateaubriand fut en butte à des détracteurs systéma-
tiques ; mais à aucun moment ils ne réussirent
à égarer l'opinion , car leur acharnement suscita
des défenseurs à l'œuvre contestée. L'indigne
critique d'*Atala* faite par M.-J. Chénier compro-
mit auprès de ses contemporains sa réputation
d'homme de goût ; pourtant cette mésaventure

ne préserva pas les *Martyrs* d'attaques non moins passionnées et non moins injustes.

Le livre parut en mars 1809 ; aussitôt les articles de critique, suivant une expression de M^me de Chateaubriand « plurent sur l'ouvrage[1] ». D'anciens amis de l'auteur, Parny et Ginguené, inséraient dans les almanachs des vers injurieux contre les *Martyrs*[2]. Bien plus, et c'est M^me de Chateaubriand qui parle, « Nous vîmes des gens se disant royalistes, des prêtres même, sous le prétexte que les *Martyrs* n'étaient pas exempts de censures ecclésiastiques se mettre à en dire pis que pendre.[3] »

Dans cette campagne de diatribes, Hoffmann se mit au premier rang par sa violence.

F.-B. Hoffmann, après avoir, pendant quinze ans, écrit des pièces de théâtre et des livrets d'opéra, était entré au *Journal de l'Empire*, et bien vite y était devenu l'égal des Féletz et des Geoffroy. Ses jugements consciencieux et indépendants jouissaient d'une grande autorité ; un ton

---

[1] *Souvenirs*, cf. l'abbé Pailhès, *Chateaubriand, sa femme et ses amis*, p. 444.

[2] Parny publia dans le *Mercure*, l'ancien journal de Chateaubriand, une pièce de vers intitulée *Radotage*, et Ginguené répondit à Parny par une épître en vers.

[3] *Id.*. L'abbé Clausel, devenu plus tard évêque de Chartres, et qui était alors grand-vicaire d'Amiens, se distingua par son animosité contre les *Martyrs*.

tranciant, un esprit acéré donnaient beaucoup
de saveur à sa critique sèche et bourrue. Mais
il était resté un 1omme du xviiie siècle, et ses
principes littéraires le rendaient 1ostile à l'art
nouveau : « J'espère, disait-il, que les préceptes
d'Horace et de Boileau prévaudront sur toute
littérature romantique ou mélodramatique. » Pour
traiter un point de jurisprudence, de médecine,
de géograpiie, ou la question du somnambulisme
et des eaux minérales, il déployait une vivacité
d'esprit, une verve, et une facilité de plume
vraiment irrésistibles; mais pour juger les *Martyrs* de Chateaubriand, peut-être fallait-il une
intelligence plus pénétrante, des connaissances
plus solides, et surtout un sens religieux inconnu à cet attardé du xviiie siècle.

Aussi contre les *Martyrs* fut-il « atroce »
comme a dit Mme de Chateaubriand.

Chateaubriand fut très sensible aux attaques
d'Hoffmann, non pas qu'elles pussent remettre en
discussion son titre de grand écrivain, mais
parce qu'elles l'atteignaient dans sa conscience
de travailleur scrupuleux, d'érudit longtemps
attaché à une même besogne, et de catiolique
animé des meilleures intentions de prosélytisme
et d'édification.

Cependant il n'opposa personnellement aucune
réponse à ce qu'il appelait « une odieuse in-

trigue » : « Je crois, écrivait-il, le 15 mai 1809, que le silence absolu est ce qu'il y a de mieux pour moi. Il faut laisser parler mes amis[1]. »

En effet, des amis, ou mieux des admirateurs soutinrent Chateaubriand dans cette épreuve.

Esménard publia, au *Mercure*, un article sérieux sur les *Martyrs*, et s'il contestait aux héros du poème la dignité de personnages épiques, au nom des vieilles théories de l'épopée solennelle ; s'il critiquait la marche de l'action, trop languissante à son gré, en revanche il proclamait la grandeur du sujet et les beautés de cette œuvre éminemment poétique.

Guizot, qui faisait alors ses débuts dans le *Publiciste*, y inséra plusieurs articles favorables aux *Martyrs*[2].

La *Gazette ecclésiastique* ou *Journal des Curés* publia sept articles, pour démontrer l'orthodoxie des *Martyrs* et pour ébranler dans l'esprit des catholiques les préventions injustes qu'une piété farouche avait dressées contre le livre.

Mais de toutes ces défenses, aucune n'est

---

[1] Fragment de lettre cité par M. Pailhès, p. 450.

[2] Chateaubriand en fut extrêmement touché et remercia Guizot par plusieurs lettres, dont trois ont été publiées par Guizot dans ses *Mémoires* (t. I, p. 377). Les articles du *Publiciste* sur les *Martyrs* ont été recueillis au tome II (p. 216) d'une série de mélanges, intitulés *le Temps passé*.

comparable à celle qu'un Lyonnais écrivit sous le voile de l'anonyme, dans le journal rédigé par Ballanche, le *Bulletin de Lyon*. Ce Lyonnais, Guy-Marie de Place, sur qui pèse un oubli immérité, rendit, nous l'allons voir, le plus signalé des services à Chateaubriand : grâce à lui, l'auteur des *Martyrs* retrouva la fierté de son œuvre et la confiance en son génie.

Lorsque, huit mois après la publication de son livre, Chateaubriand sortit du silence auquel il avait cru bon de se condamner, il rappela avec complaisance le jugement porté par Esménard, « un homme de beaucoup d'esprit, de goût et de mesure, et qui de plus, était poète, et poète d'un vrai talent »: mais il dut réfuter les objections nombreuses mêlées aux éloges, et qui, faites sur un ton réservé, pouvaient séduire les esprits réfléchis. — Guizot ne fournit pas une seule ligne au plaidoyer personnel composé par Chateaubriand, et celui-ci réserva pour des lettres intimes l'expression de sa reconnaissance à l'endroit d'un critique qui jugeait en pleine indépendance, et non pour obéir au mot d'ordre de la police ou d'un directeur de journal. — Enfin la *Gazette ecclésiastique*, excellente à libérer Chateaubriand du reproche d'hérésie, n'avait plus la même autorité pour prononcer sur la valeur littéraire des *Martyrs*.

Seul, Guy-Marie de Place eut l'ionneur d'écrire une apologie complète et décisive, et Chateaubriand lui emprunta presque tous les matériaux de sa défense : « Il a paru, disait-il, au début de son *Examen*, une broc1ure imprimée à Lyon où l'auteur, qui m'est inconnu, a bien voulu se déclarer en faveur des *Martyrs*. On ne peut réunir 1 des autorités plus graves une manière de raisonner plus saine. Je citerai souvent l'ouvrage de mon défenseur. » Sainte-Beuve, qui put, grâce à l'obligeance d'un autre Lyonnais, F.-Z. Collombet, lever le voile de cet anonymat, et qui rendit justice à l'avocat de C1ateaubriand, se trompe donc quand il écrit que « cette broc1ure de province n'arriva point à Paris, et n'y eut aucun éc1o[1] ».

Bien loin de rester enfouie dans les colonnes du *Bulletin de Lyon*, elle obtint une éclatante publicité : C1ateaubriand la recueillit presque tout entière dans son *Examen ;* elle fit désormais partie de l'œuvre qu'elle avait entrepris de soutenir. Ce nom que Sainte-Beuve dévoila plus tard ne s'y trouvait pas, il est vrai ; mais l'auteur était d'une modestie telle que le bon1eur d'être approuvé et reproduit par C1ateaubriand lui eût été moins sensible, s'il avait fallu s'affranc1ir de

---

[1] *Chateaubriand et son groupe littéraire*, 2ᵉ éd., t. II, p. 63.

cet anonymat, derrière lequel il dérobait au grand
public son talent de polémiste et la sûreté de son
goût.

Le 12 mai, Chateaubriand écrivait à Guizot :
« Véritablement, Monsieur, je le dis très sincèrement, les critiques qui ont jusqu'à présent paru
sur mon ouvrage me font une certaine honte
pour les Français. Avez-vous remarqué que
personne ne semble avoir compris mon ouvrage,
que les règles de l'épopée sont singulièrement
oubliées, que l'on juge un ouvrage de sens et
d'un immense travail comme on parlerait d'un
ouvrage d'un jour et d'un roman ? Et tous ces
cris contre le merveilleux ! ne dirait-on pas que
c'est moi qui suis l'auteur de ce merveilleux ? que
c'est une chose inouïe, singulière, inconnue ?...
Tout cela est sans bonne foi comme tout en
France ».

Le lendemain (13 mai) Guy-Marie de Place
commençait au *Bulletin de Lyon* sa polémique
contre Hoffmann, celui que Chateaubriand appellera spirituellement « l'exécuteur de la justice
des vanités[1] » ; et cet obscur journaliste allait
venger l'honneur compromis de la critique française, adoucir l'amertume d'un grand écrivain,
abreuvé d'attaques malveillantes, jouer, toutes

---

[1] *Mémoires d'Outre-Tombe*, édit. Biré, t. III, p. 11.

proportions gardées, le rôle délicat d'un Boileau auprès d'un Racine meurtri et découragé !

**\***

Guy-Marie de Place appartenait à cette génération de chrétiens, qui avaient salué d'un long cri d'admiration et d'espoir le *Génie du Christianisme*. Il savait bien que Bossuet aurait trouvé dans la religion un autre *génie* et d'autres *beautés ;* mais sans chicaner l'auteur sur l'insuffisance de son érudition théologique, il avait vu se lever avec le livre l'aurore d'une renaissance religieuse. Avec quelle élévation de pensées il avait traduit les émotions du chrétien et de l'artiste en face de cette œuvre immortelle ! Il s'écriait :

M. de Chateaubriand, racontant les bienfaits de la religion et sa gloire, produit des impressions d'autant plus vives et plus profondes, que cette gloire était éclipsée, que ces bienfaits n'étaient plus au moment où sa plume était occupée à les peindre. Debout sur les ruines du sanctuaire, comme au milieu d'un temple que la foudre aurait frappé, et dont elle n'aurait laissé que de tristes débris, il semble, si je puis parler ainsi, prononcer l'oraison funèbre du christianisme. De là cette touchante harmonie de son style avec la mélancolie religieuse de ses tableaux, de là ces expressions empreintes de douleur, ces longues pages d'affliction qui, en montrant tant de grandeur anéantie,

font couler les larmes et rendraient inconsolable, si
la désolation du chrétien pouvait être sans espoir[1].

Guy-Marie de Place tressaillit au plus profond
de son âme, lorsque, dans les *Martyrs*, Chateaubriand, opposant le vrai Dieu aux dieux morts
du paganisme, célébra la victoire miraculeuse
d'une religion persécutée.

Certes, il faisait des réserves sur le nouvel
ouvrage : l'orthodoxie lui paraissait offensée en
plusieurs endroits, et surtout les couleurs vives
dont l'épisode de Velléda était peint lui inspi-
raient des scrupules, car « il est, disait-il, des
hommes corrompus, dont les honteuses passions
n'ont jamais plus d'activité qu'à la vue des objets
qui, en leur rappelant les tristes suites de leurs
égarements, devraient les ramener au repentir ».

Mais il passait condamnation sur ces défauts ;
Chateaubriand, docile à la critique, effacerait des
*Martyrs* les inadvertances, se mettrait d'accord
avec les théologiens, et adoucirait les expressions
trop passionnées qu'il avait mises sur les lèvres
de la vierge gauloise.

Ces taches, peu nombreuses du reste, ne justi-

---

[1] Article de Guy-Marie de Place *(Bulletin de Lyon*,
14 octobre 1807), à propos d'une édition abrégée du *Génie*,
en 2 volumes. Lorsque parut la 5ᵉ édition du livre (5 vol.
in-8), il publia deux nouveaux articles sur le *Génie* (22 et
29 avril 1809).

fiaient pas les articles *révoltants* d'Hoffmann. Avec une dignité grave et un tact parfait, de Place repousse les insinuations de ce critique, qui, sous l'apparence d'un zèle habilement joué, se présente comme le vengeur de la religion compromise par Chateaubriand.

D'abord Hoffmann prétend que c'est outrager le vrai Dieu que de le placer dans une épopée. — Mais qu'ont fait le Tasse et Milton? Le xvii⁰ siècle, malgré l'autorité de Boileau, n'a-t-il pas cru qu'un poème épique devait « renfermer la théologie de la nation pour laquelle il est écrit » ? Contre le vieil aphorisme repris par Hoffmann : « Soyons païens dans la poésie », de Place dresse les théories de Rollin, de l'abbé Batteux, de Marmontel, de Voltaire lui-même et de la Harpe, et conclut sagement : « Soyons chrétiens dans la poésie, ou résignons-nous à n'avoir jamais de poète épique. »

Combien Chateaubriand a raison de soutenir que le merveilleux du paganisme est inférieur à celui de la religion chrétienne ! Qu'est-ce en effet, que la mythologie ancienne, si ce n'est « un amas grossier d'absurdités et d'inconséquences » ? — Ces dieux sont humains, objecte Hoffmann; ils « agissent par passions, par affections, par des considérations purement humaines, » ce qui jette un grand mouvement dans la poésie, « parce que

les êtres surnaturels y sont plus étroitement liés
avec les ommes. Ils ont d'ailleurs un avantage
inappréciable, d'avoir tous une physionomie dis-
tincte, des attributs et un caractère particulier,
et, ce qui est plus important encore, une volonté
et un pouvoir indépendant sur la partie de la
nature soumise à leur empire ». Ces dieux. répli-
que de Place, font pitié, et « Homère ne supplée
à la faiblesse de ses machines poétiques qu'à force
de génie ». Voltaire lui-même n'opposait qu'un
seul argument à ceux qui accusaient d'*extravagance* les dieux d'Homère : « C'est, disait-il,
reprocher à un peintre d'avoir donné à ses figures
les habillements de son temps. »

Par l'introduction des anges dans son poème,
Chateaubriand, continue Hoffmann, « dénature
l'idée que nous avons de la grandeur et de la
puissance de Dieu », car il est « ridicule que celui
qui d'un mot a fait jaillir la lumière du sein du
chaos, et a éclairé l'univers jusque dans ses immenses profondeurs, envoie un ange en ambassade à un autre ange, pour pousser une frêle
barque et lui faire faire le trajet du Péloponèse à
la côte de Syrie. » — Mais, répond de Place, « le
nom d'ange veut dire envoyé, messager, ambassadeur », et il est naturel « que des ambassadeurs aillent en ambassade » ; la Bible et les Pères
de l'Eglise nous montrent sans cesse les anges

présidant aux actions des hommes, leur apportant les volontés de Dieu. Veut-on en leur faveur une autorité sinon plus importante, du moins plus voisine de notre temps ? C'est Bossuet qui, dans son *Commentaire sur l'Apocalypse*, a dit :

Quand je vois dans les Prophètes, dans l'Apocalypse, et dans l'Evangile même, cet ange des Perses, cet ange des Grecs, cet ange des Juifs, l'ange des petits enfants qui en prend la défense devant Dieu contre ceux qui les scandalisent; l'ange des eaux, l'ange du feu, et ainsi des autres ; et quand je vois parmi tous ces anges, celui qui mit sur l'autel le céleste encens des prières, je reconnais dans ces paroles une espèce de médiation des saints anges ; je vois même le fondement qui peut avoir donné occasion aux païens de distribuer leurs divinités dans les éléments et dans les royaumes pour y présider. Car toute erreur est fondée sur quelques vérités dont on abuse. Mais à Dieu ne plaise que je voie rien dans toutes ces expressions de l'Ecriture qui blesse la médiation de Jésus-Christ que tous les esprits célestes reconnaissent comme leur seigneur, ou qui tienne des erreurs païennes, puisqu'il y a une différence infinie entre reconnaître, comme les païens, un Dieu dont l'action ne puisse s'étendre à tout ou qui ait besoin d'être soulagé par des subalternes, à la manière des rois de la terre dont la puissance est bornée, et un Dieu qui, faisant tout et pouvant tout, honore ses créatures en les associant quand il lui plaît, et à la manière qu'il lui plaît, à son action [1].

---

[1] Bossuet, sur *l'Apocalypse*, n. XXVII.

La dialectique d'Hoffmann n'est pas encore à
bout de ressources contre le poème de Chateaubriand : « Le mélange du sacré et du profane,
dit-il, est un grand scandale. » — Ce mélange,
de Place ne le voit pas : l'action du poème devait
sans cesse opposer Jésus-Christ aux divinités de
l'Empire, Dieu à Jupiter ; mais chaque personne
y parle conformément à sa croyance : « ainsi
selon le changement d'interlocuteurs, on a tour à
tour sous les yeux le langage d'un disciple de
Jésus-Christ et celui d'un adorateur des idoles ».
Où est la confusion ? Où est le sacrilège ? Corneille dans *Polyeucte*, Voltaire dans *Zaïre* et
même Racine dans *Esther*, n'ont-ils pas placé
l'une à côté de l'autre les deux religions, et ce
contraste a-t-il fait crier au scandale ?

Hoffmann, si zélé pour les intérêts du vrai
Dieu, ne perd pas une occasion de se moquer de
la religion. Pour parler des choses les plus respectables, il affecte un ton badin et railleur, il
multiplie les plaisanteries indécentes. En voici
un exemple, commenté par de Place :

Peut-on se défendre d'un mouvement de pitié lorsqu'on voit le critique vouloir en quelque sorte que le
Paradis soit un nouveau Calvaire, et trouver mauvais
que M. de Chateaubriand ait présenté comme riche et
magnifique le séjour destiné à effacer toutes les peines,
à consoler de tous les maux et à récompenser toutes

les vertus? Qu'un lecteur sensé me dise s'il y a autre
chose que de l'impiété ou de l'ineptie dans cette
phrase que je rougis de transcrire :

« Le Dieu de M. de Chateaubriand, qui prêche le
mépris du faste et des richesses, ne nous prêche pas
d'exemple. »

Après cela, Hoffmann peut-il protester encore
de la pureté de ses intentions? « La gravité du
sujet, remarque de Place, prescrivait la modération et la décence. En fait de religion, la plaisan-
terie est trop près du blasphème pour qu'elle
puisse être permise. »

Tel est le dessein général de cette défense dont
on retrouve les principaux arguments dans l'*Examen des Martyrs*. Joubert écrivait à Chênedollé
(11 novembre 1809) : « Chateaubriand qui devait
venir me voir ne viendra pas ; il réimprime son
livre et répond à toutes les critiques. J'ai peur
qu'il ne réveille pour longtemps des débats assou-
pis[1]. » Les craintes du paisible ami de Villeneuve
furent en partie réalisées.

En effet, Hoffmann tira vanité de la' longue
réponse que Chateaubriand faisait à ses critiques ;
et il ne voulut pas rester sous le coup des observations du *défenseur* anonyme. Il inséra, dans le
*Journal de l'Empire*, une nouvelle critique des

---

[1] Fragment d'une lettre citée par M. Pailhès, p. 453.

*Martyrs* et, proclamant d'avance son triomphe, il
s'écriait : « L'auteur m'appelle à une nouvelle
lutte ; elle sera courte, et telle est la force de la
vérité qu'avec un peu de bon sens je vais faire
crouler un édifice élevé par une imagination brillante, un talent distingué et un savoir très
étendu. »

Chateaubriand ne crut pas de sa dignité de
poursuivre une polémique, dans laquelle il n'était
entré qu'à regret; mais son *défenseur anonyme*
une fois encore prit sa cause en mains; et, tandis
que son adversaire se flattait de marcher bientôt
sur un monceau de ruines, lui, il montrait l'édifice
toujours debout, sur sa base solide, assise pour
l'éternité.

Il contesta une à une les assertions d'Hoffmann,
et maintint contre lui la valeur des autorités pré-
cédemment citées. Hoffmann s'étant applaudi des
changements apportés par Chateaubriand à la
nouvelle édition des *Martyrs*, de Place rabattit
son orgueil : « Les endroits supprimés, dit-il, ne
tenaient pas essentiellement au sujet. Les écrivains qui ont rendu compte des *Martyrs*, les
avaient blâmés pour la plupart, et le censeur n'a
en quelque sorte de personnel que le ton de ses
observations, ton que la suppression des passages
critiqués ne justifiera jamais. »

Ainsi de Place rappelait à la modestie le fier

Aristarque. Il le citait de nouveau au tribunal redoutable des critiques anciens et modernes, des tì éologiens les plus autorisés. Enfin, pour parer les coups de cet atìlète qui se comparaît lui-même à « un enfant qui, armé d'un caillou, terrasse un géant superbe », il s'abritait derrière Quintilien et posait après lui cette règle de critique :

« Il ne faut prononcer qu'avec beaucoup de retenue et de circonspection sur les auteurs dont le mérite est connu, de crainte qu'il ne nous arrive, comme à plusieurs, de blâmer ce que nous n'entendons pas[1]. »

Cìateaubriand n'avait pas attendu cette nouvelle apologie pour exprimer sa reconnaissance au généreux anonyme. Beuchot, invitant son ami de Place à venir à Paris (septembre 1809), ajoutait : « Nous irons voir Port-Royal, ou du moins *campos ubi Troja fuit*, les solitudes de Versailles et l'auteur des *Martyrs*. Vous ne pouvez vous figurer quelle amitié il a pour vous, et il ne la prodigue pas. Je vais le voir souvent et je n'en reviens jamais sans l'aimer et l'admirer davan-

---

[1] *De Institutione oratoria*, lib. 10, cap. 1.

tage ; il est si bon homme, si naïf en petit
comité[1]. »

C'est Beuchot qui, déjà dans une lettre anté-
rieure (9 août), avait dit à de Place que Chateaubriand était *enchanté* de sa brochure. « Vous avez
obtenu, continuait-il, deux suffrages très flatteurs.
Le premier est de M. Boissonade. C'est comme
vous le savez, un homme capable d'apprécier les
gens et leurs travaux ; et Ballanche vous répètera
à son arrivée les éloges qu'il vous a donnés.

« L'autre doit vous être infiniment précieux.
J'avais envoyé, à l'auteur de l'*Histoire de Fénelon*,
un exemplaire de votre brochure. Voici en quels
termes ce respectable homme (M. de Bausset)
m'en parle dans une lettre que j'ai reçue hier :

J'ai lu avec un sensible plaisir les extraits du
*Bulletin de Lyon* sur les *Martyrs* de M. de Chateaubriand, j'ai été frappé de l'excellente dialectique que
l'auteur oppose aux mauvais raisonnements et aux
inconséquences du journaliste critique. J'ai été surtout fort aise du ton de science qui s'y fait remarquer
et contraste si bien avec l'indécence et le mauvais goût
du journaliste; au reste, comme je vous l'ai dit dès
les premiers moments, l'ouvrage de M. de Chateaubriand est un de ces ouvrages qui gagnent toujours à

---

[1] *Lettre inédite.* L'original autographe est entre les
mains de M. Henri de Place, ingénieur civil, petit-fils de
Guy-Marie.

un examen réfléchi. J'ai déjà rencontré un grand nombre de personnes qui avaient vu s'évanouir, à une seconde lecture, les préventions qu'une lecture trop rapide avait excitées en elles. Il y a dans les extraits du *Bulletin de Lyon* un admirable passage de Bossuet qui suffit seul à l'apologie de M. de Chateaubriand et qui répond à toutes les objections qu'on avait entassées contre le système de son ouvrage ou plutôt de son poème.

A Lyon, les articles de Guy-Marie de Place convertirent beaucoup de catholiques à l'admiration des *Martyrs*. Une lettre que Dugas-Montbel écrivait à son illustre compatriote, Camille Jordan, nous permet de l'affirmer :

Les *Martyrs*, disait-il, sont le sujet de toutes les conversations; il y a des opposants. Les rigoristes surtout sont fâchés de cet ouvrage ; on craint que cette manière de regarder le ciel comme une machine épique soit plus nuisible qu'utile à la religion ; je ne discute pas ce point ; il me suffit d'avoir pour moi le sévère Desplace *(sic)* pour être bien certain de mon orthodoxie. Ce Caton de l'Eglise est enthousiaste du nouvel ouvrage ; il va même jusqu'à contester les défauts littéraires[1].

Guy-Marie de Place fut donc, à Lyon, le pro-

[1] Lettre du 6 avril 1809, citée par M. E. Herriot, *Camille Jordan et la Restauration* dans la *Revue d'Histoire de Lyon*, mars-avril 1902, p. 128.

lecteur des *Martyrs* dans ce monde catholique
toujours scrupuleux et circonspect, qui ne voulait
donner son adhésion à l'œuvre d'art que sous le
couvert d'une stricte orthodoxie. Admirons l'indépendance et la largeur de goût de celui que
Dugas-Montbel appelle de ce terme expressif « le
Caton de l'Église ». Les défauts des *Martyrs*, il les
voyait, quoi qu'en dise Dugas-Montbel, et il s'en
expliqua assez nettement, au cours même de ses
articles, pour que nous ne l'accusions pas d'avoir,
ce jour-là, laissé fléchir la rigueur de ses principes
littéraires ou religieux[1] : mais ces défauts, à ses
yeux, étaient sauvés par des beautés supérieures,
et surtout par le grand service rendu à la religion.
Il terminait ainsi l'un de ses articles : « Sans vouloir juger les personnes honnêtes qui ne pensent
pas comme moi, je n'en déclarerai pas moins avec
sincérité, que, si j'étais l'ennemi de la religion et
de la gloire littéraire de mon pays, je dirais beau-

---

[1] « En réfutant, dit-il (article du 3 juin 1809), une critique si souvent fausse et injuste, je n'en ai pas moins
blâmé avec franchise ce qui, aux yeux de la religion, est
inexact et répréhensible, je n'ai point dissimulé que certains tableaux sont peints avec des couleurs trop vives pour
que toute espèce de lecteurs indistinctement puisse y
arrêter ses regards. » Et il ajoutait en note : « Je ne serais
pas revenu sur ces observations si des hommes estimables,
mais auxquels la prévention n'a pas même permis de me
lire, ne m'eussent gravement reproché de *tout* approuver
dans les *Martyrs*, et cela sur de simples ouï-dire. »

coup de mal de M. de Chateaubriand et de son livre. » Il laissait à Hoffmann le triste honneur d'être l'ennemi du christianisme et des lettres françaises.

Le souvenir de ce bel assaut de science et d'esprit vit encore à Lyon ; mais une légende est en train de s'établir, qui ravirait à Guy-Marie de Place la gloire d'avoir combattu pour les *Martyrs*. Le défenseur anonyme s'était contenté de mettre un modeste G. au bout de ses articles ; or, un autre rédacteur du *Bulletin de Lyon*, estimable professeur de philosophie, connu par quelques publications consciencieuses, portait le nom de Pierre Gourju. Cette coïncidence a suffi pour qu'on attribuât à Pierre Gourju la paternité des articles que nous venons d'étudier [1].

Vanité que la gloire littéraire ! Sainte-Beuve avait pourtant noté en bonne place pour la postérité le nom de cet obscur confrère, Guy-Marie de Place, ami de Ballanche et d'Ampère, conseiller de Joseph de Maistre et éditeur du *Pape*. Il s'en est fallu de peu que sa précaution fût inutile. Cette erreur, s'il l'eût connue, eût fait souffrir Guy-Marie de Place, mais l'aurait-elle corrigé de son excessive modestie ?

---

[1] Voir les *Annales de la Société nationale d'Éducation de Lyon*, 40ᵉ livraison, p. 13, compte rendu de la séance du 14 février 1895.

G. L.

# CHAPITRE V

## CHATEAUBRIAND A LYON EN 1826

I. Lyon et la guerre de l'indépendance hellénique. —
Le mouvement philhellène à Lyon et l'intervention
de Chateaubriand.
II. La fondation de l'Académie provinciale (1826): Chateaubriand reçoit le titre de président honoraire
et perpétuel.

On lit dans les *Mémoires d'Outre-Tombe*, à
l'année 1826 :

« M^me de Chateaubriand, étant malade, fit un
voyage dans le Midi de la France, ne s'en trouva
pas bien, revint à Lyon, où le D^r Prunelle la con-
damna. Je l'allai rejoindre ; je la conduisis à Lausanne, où elle fit mentir M. Prunelle[1]. »

Le séjour de Chateaubriand à Lyon dura quelques jours seulement (du 4 mai au lundi 8), mais
son importance est considérable dans l'histoire de
notre cité. Son arrivée coïncidait, en effet, avec

[1] T. IV, p. 326.

le mouvement de généreux enthousiasme qui agitait les esprits en faveur des Grecs révoltés contre les Turcs. A Lyon, le philhellénisme devait revêtir un caractère particulier; il était, en quelque sorte, comme une réparation des victoires que remportait sur les Grecs un Lyonnais, le colonel Sève, plus connu sous le nom de Soliman-Pacha. Quelle destinée originale que celle de ce fils de meunier, engagé volontaire, chef d'escadron à la chute de Napoléon Ier, lieutenant-colonel aux Cent-Jours, aide de camp du maréchal Grouchy à Waterloo? Menacé d'un procès criminel sous la seconde Restauration, il part pour Alexandrie, est mis en rapport avec Méhémed, le pacha d'Egypte, qui lui confie le soin d'organiser une armée à l'européenne pour marcher contre les Grecs; enfin, il avait abjuré, était devenu bey sous le nom de Soliman et avait reçu le commandement de l'armée qu'Ibrahim, fils de Méhémed, conduisait en Grèce[1].

Les compatriotes de Soliman-Pacha pourraient-ils jamais effacer les tristes effets de cette trahison? Ils n'offrirent aux malheureux Grecs que

---

[1] Aimé Vingtrinier a écrit la vie de cet aventurier (*Soliman-Pacha, colonel Sève ou l'histoire des guerres de l'Egypte, de 1820 à 1860*, Paris, 1886, in-8, 590 p.), avec la fidélité scrupuleuse d'un historien et la verve séduisante d'un romancier.

leur sympathie et leur argent, mais nous allons
voir qu'ils y mirent tout leur cœur.

C'est vers la fin d'avril 1826 que le mouvement
se dessine, et aussitôt il prend des proportions
considérables. Un journal, *l'Éclaireur du Rhône*,
se fait comme le centre des informations et l'apôtre
de cette campagne. Pour enflammer les Lyonnais,
il leur expose ce que la charité ingénieuse de
Genève a su trouver pour venir en aide aux
Grecs: collectes, concerts, loteries, ventes de
tableaux, etc.[1]. Un voile mystérieux dérobait à
l'anxiété de l'Europe la marche précise des événements qui s'accomplissaient en Grèce; les
alternatives de succès et de revers passionnaient
les cœurs; on se demandait avec anxiété si Missolonghi était au pouvoir des Turcs : Lyon s'émut;
les femmes, imitant l'exemple donné à Paris par
leur illustre compatriote M^me Récamier, prirent
l'initiative d'une quête à domicile, et remplirent
leur touchante mission avec un zèle digne du
renom de charité, que leur ville avait déjà dans le
monde entier. Malheureusement, la politique

---

[1] Les âmes naïves avaient aussi leur part dans cet élan:
« Enfin, on fait porter dans toutes les maisons, et on voit
à toutes les places et sur toutes les cheminées une carte
imprimée, simple et touchante, sur laquelle on lit une
petite exhortation en faveur des malheureux Grecs, suivie
d'un passage de l'Écriture. » *(Éclaireur, 29 avril.)*

intervint ; le comité parisien de souscriptions en
faveur des Grecs s'était recruté parmi les libéraux ; le cıef de l'opposition, Cıateaubriand,
avait jeté un appel éloquent à l'opinion dans sa
fameuse *Note sur la Grèce;* les mêmes passions
contrarièrent à Lyon un élan qui aurait dû être
général, puisqu'il prenait sa source dans les sentiments respectables de l'ıumanité et du dévouement. Certaines bourses s'obstinèrent à rester
fermées, et la malice des cıansonniers consola les
dames lyonnaises, éconduites de certaines maisons; l'un d'eux lança quelques plaisanteries spi-
rituelles contre ceux qu'il appelait les *Chrétiens
turcs,* car, disait-il :

> Tous les Turcs ne sont pas en Turquie :
> Il est chez nous, vous l'verrez bien,
> Plus d'un Turc en habit de chrétien [1].

Sur ces entrefaites, on apprit l'arrivée de Cha-

---

[1] *Les Chrétiens turcs,* chanson dédiée aux dames lyonnaises, qui ont fait la quête en faveur des Grecs (anonyme).
En voici un couplet :

> *Et ce marquis, s'il ne vous donne,*
> *C'est qu'il a seul r'levé le trône ;*
> *Et puis, d'ailleurs, c'est qu'un Bonneau*
> *Reçoit, mais ne fait pas d'cadeau.*
> *Mesdames, qu'il vous en souvienne,*
> *Ses hauts faits sont inscrits à Vienne...*
> *Ce marquis, vous le voyez bien,*
> *N'est qu'un Turc en habit de chrétien.*

teaubriand. Depuis plusieurs jours, M^me de Chateaubriand était logée à l'hôtel de Provence, place
de la Charité; l'état de sa santé, un printemps
froid et pluvieux ne lui avaient pas permis de
continuer sa route vers la Suisse ; le jeudi 4 mai,
Chateaubriand était venu la rejoindre à Lyon.

Un concert était organisé pour le lendemain
5 mai, dans la salle de la Bourse, à 6 heures du
soir. Le Comité n'avait pas obtenu l'autorisation
de l'annoncer par affiches, ni de faire passer une
note dans les feuilles publiques, auxquelles l'autorité supérieure avait enjoint le silence. Néanmoins, la salle était comble: on savait que Chateaubriand serait parmi les spectateurs et qu'un
siège d'honneur lui était réservé à côté des dames
quêteuses. A son entrée, Chateaubriand fut applaudi, et quand la première partie du concert fut
achevée, un homme de lettres, Lacointa, élève de
Villemain, et dont les cours privés avaient beaucoup de succès à Lyon, se fit l'interprète des
Lyonnais : il salua en quelques phrases émues le
grand écrivain et le généreux ami de la Grèce[1].

[1] Dans la *Biographie contemporaine des gens de lettres*
(1826), l'initiative de Lacointa est sévèrement jugée : « On
se rappelle, disaient les auteurs de ce pamphlet irrévéren-
cieux, que, lors du passage de M. de Chateaubriand à
Lyon, M. Lacointa, tranchant du petit usurpateur, se
constitua, sans mandat, l'interprète des Lyonnais, au milieu d'une assemblée fort nombreuse. On se rappelle aussi

Chateaubriand répondit :

Monsieur,

Je vous remercie beaucoup de l'honneur que vous me faites ; j'étais loin de m'y attendre. Le hasard m'a conduit dans cette ville et je suis fier de me trouver dans une assemblée réunie par les plus nobles sentiments. Au reste je n'attendais pas moins des Lyonnais : Lyon se connaît en dévouement. Les Grecs ne pouvaient manquer de défenseurs dans une ville où la cause de l'humanité, celle de la religion et les plus saintes causes font palpiter tous les cœurs ; dans une ville qui a donné les mêmes exemples d'héroïsme, qui s'est distinguée par les plus nobles sacrifices dans les temps les plus difficiles de la monarchie.

Le concert continua ; une dame, M$^{me}$ Monvielle, chantait une romance de Béranger dont le refrain est : *Doux rossignol, chantez pour moi.* Le secrétaire de l'Académie, Dumas, qui était présent, improvisa un couplet qu'on intercala dans la romance :

que l'orateur embarrassé termina par une péroraison entremêlée de bégayements. Tous les yeux étaient fixés sur lui, toutes les bouches demandaient : Quel est-il ? Que fait-il ? Le connaissez-vous ? Nenni, répondait-on, ni moi, ni moi non plus. Un article de journal fit soupçonner le lendemain aux Lyonnais que M. Lacointa était du pays où prit naissance ce proverbe si fameux: «*Quatre-ringt-dix-neuf moutons et un Champenois font cent bêtes* » (p.58).— Lacointa était étranger, libéral et romantique, triple raison pour que la *Biographie contemporaine* le déchirât.

Ami des Grecs, rival d'Homère,
Viens embellir notre dessein,
La cité de Minerve est fière
De te posséder dans son sein ;
Les vœux que ton génie inspire
Pour la gloire animent nos airs ;
Un instant prête-nous ta lyre,
Et rien ne manque à nos concerts.

« Ma lyre ! dit Chateaubriand qui s'était levé et tourné vers M^me Monvielle, je n'en ai pas ; je voudrais emprunter la vôtre pour vous remercier dignement. »

Le concert s'acheva au milieu de l'enthousiasme du public[1]. Chateaubriand se retira, à pied, escorté par les commissaires du concert et par la foule, qui l'accompagna jusqu'à l'hôtel de Provence en criant : *Vive Chateaubriand !*

Les jours suivants, Chateaubriand reçut et rendit quelques visites, dîna chez son ami, l'abbé Bonnevie, et le lundi il partait pour la Suisse.

---

[1] Tous les morceaux chantés se rapportaient indirectement aux malheurs de la Grèce : c'était le chœur de Beniowski : *Nous le jurons par les maux que nous avons soufferts ;* celui de Fernand Cortez : *Oui, nous achèverons notre immortel ouvrage, et nous les compterons quand ils seront soumis ;* cet autre du même opéra : *Faut-il quitter la terre où dorment nos aïeux ;* enfin l'air de la prise de Jéricho.

Avant de quitter Lyon, il reçut en hommage
une pièce de vers que lui dédiait un jeune poète,
Aimé de Loy, amené à Lyon par les hasards de sa
vie errante. Après avoir célébré « le chantre de
René, de Moïse et d'Eudore », Aimé de Loy con-
tinuait ainsi :

Aux champs américains jeté par un orage,
Sur quels bords son esquif n'a-t-il pas fait naufrage ?
Il a vu le Jourdain, le Tibre et l'Eurotas ;
De la tombe où gît Sparte il baisa la poussière,
Il pleura sur Athène, et sa voix la première
    A réveillé Léonidas.

Amant des libertés, soutien de la couronne,
Tes mains ont de la charte affermi la colonne ;
Ta voix aux jours mauvais ranima notre espoir ;
Tu balanças les flots du parti populaire,
Et ton œil a marqué la borne salutaire
    Où doit s'arrêter le pouvoir.

Dans le conseil des rois tu parus ... et la France
Des temps de Paul-Emile entrevit l'espérance ;
La sainte humanité voilait déjà ses pleurs...
Soudain sur mon pays l'orage se déploie ;
Il te frappe : Albion jette un long cri de joie,
    La Grèce un long cri de douleurs !

Mais la gloire te reste : elle est touchante et pure ;
Ton nom de l'avenir ne craint pas le murmure,
Tu peux goûter en paix ta popularité,
Ce n'est pas le roseau qu'un vent du soir outrage,

C'est le chêne vainqueur dont l'éternel ombrage
   Doit couvrir la postérité[1].

La présence de Chateaubriand avait naturelle-
ment surexcité le philhellénisme des Lyonnais ;
de nouvelles souscriptions furent recueillies par
les quêteuses, et quelques jours après (10 mai),
elles se réunissaient chez leur présidente,
Mme André Bontoux, pour totaliser les recettes,
qui s'élevaient à 32.590 fr. 40. Des peintres,
Duclaux, Cornu, Thierriat, Arnaud, Auguste
Flandrin, offrirent des tableaux représentant des
vues de la Grèce, d'Athènes ou de Missolonghi : Lyon avait entièrement suivi l'exemple de
Genève et le programme tracé par *l'Eclaireur
du Rhône*, au début du mouvement, se trouvait
rempli [2].

---

[1] *Préludes poétiques*, 1827, p. 4 et 5.

[2] Un négociant de Paris, M. Raymond, né à Lyon,
fonda même un prix consistant en une médaille d'or de
500 francs qui serait donnée au meilleur discours déve-
loppant « les motifs qui doivent intéresser tous les peuples
de la chrétienté à la cause des Grecs ». L'Académie de
Lyon, chargée de distribuer le prix, annonça (séance du
30 août 1826) qu'elle avait reçu dix-huit mémoires, mais
qu'elle n'en couronnait aucun. Le même sujet était proposé pour l'année 1827. — Dans cette même séance, l'Académicien Trélis lut une ode sur la mort de lord Byron, et
Servan de Sugny un dialogue en vers, entre un négociant
de Lyon et un négociant étranger, au sujet des événements
de Grèce.

Le Comité grec de Paris remercia les dames
lyonnaises par une lettre en date du 27 avril 1826
et signé du président Ternaux et du secrétaire
Villemain[1].

Nous ne poursuivrons pas l'histoire des manifestations grécophiles dont Lyon fut le théâtre
dans les mois qui suivirent ; contentons-nous
d'indiquer que les poètes lyonnais, à l'égal de
leurs grands émules de Paris, soutinrent éner-
giquement dans leurs vers la cause des Grecs ;
l'un d'eux, Charles Massas, s'écriait dans un beau
mouvement de lyrisme :

Chrétiens, pleurez la Grèce ! oui, ses fils expirants,
Tout mutilés des coups d'une effroyable guerre,
Abandonnés par vous à la faux des tyrans,
     Vont disparaître de la terre.
Chrétiens, vers vous encor ils élèvent leur voix
Leurs bras sont accablés, leurs murs croulent en cendre;
Vainqueurs, mais affaiblis par leurs propres exploits,

[1] Voici quelques lignes de cette lettre adressée à la présidente :
    « Madame,
    « Veuillez agréer nos remerciements, nos hommages, et
les transmettre aux dames de la ville de Lyon, qui se réu-
nissent chez vous pour l'œuvre généreuse et chrétienne
qu'elles ont si bien commencée. Dans le mouvement national qui intéresse toute la France en faveur d'une héroïque
cité de la Grèce (Missolonghi), Lyon ne pouvait rester en
arrière par respect pour ses propres souvenirs. On saura
surtout avec quelle ardeur tant de dames lyonnaises ont
quêté pour les défenseurs et les blessés de la Grèce... »

Ils marchent vers leur tombe, ils vont tous y descendre!
Peuples, réveillez-vous, accourez les défendre!
Peuples, sauvez les Grecs qu'abandonnent les rois[1]!

Un autre poète lyonnais, C.-L. Grandperret,
écrivait une épître de 187 vers à Lamartine, pour
l'engager à sortir de son silence, à faire honte
aux rois de leur inaction, et à jeter le grand cri
d'humanité qui sauverait la Grèce. Jusqu'ici, en
effet, le poète s'était dérobé, ou, du moins, il
n'avait célébré qu'indirectement l'héroïsme des
martyrs de la liberté grecque ; aussi son absteu-

---

[1] *La Grèce moderne*, Messénienne, 1826, Paris et Lyon,
15 p. in-8.
Cette poésie fut lue dans une soirée musicale et littéraire donnée au profit des Grecs à Lyon, le 29 mai. L'auteur, Charles Massas, avait déjà chanté Scio et Ipsara ;
voici encore un beau passage de cette Messénienne :

*On dit qu'à l'Orient, on voit durant les nuits*
*Les feux de l'incendie étinceler encore,*
*Que des sanglants débris ont rougi le Bosphore*
*Et que les Grecs tombés sous leurs remparts détruits*
*Pour la dernière fois ont salué l'aurore.*
*On dit que des nochers, par l'orage égarés,*
*Ont vu, prêts à partir de ces fatales rives,*
*Des vaisseaux dont les mâts de dépouilles parés*
*Pliaient sous des lambeaux palpitants, déchirés,*
*D'où le sang ruisselait sur des vierges captives!*
*On le dit, mais en vain, ces récits odieux*
*D'une nouvelle horreur frappent l'Europe entière,*
*Les peuples vainement ont uni leur prière,*
*Les rois sont demeurés muets comme les dieux.*

tion faisait-elle valoir plus encore la noble initiative de Chateaubriand :

« A la tête des orateurs qui ont embrassé
la cause des Grecs, disait Grandperret, on est
fier de citer le premier écrivain de notre époque, celui à qui il ne manque aucun genre de
gloire [1] ».

Ainsi à Lyon, ce mouvement de philhellénisme
s'abrite toujours sous le grand nom de Chateaubriand ; celui-ci en fut vivement touché, et peu
de temps après, quand il imprimait son *Voyage
de 1803 en Italie*, dans l'édition de ses *OEuvres
complètes*, il ajoutait cette note :

« Il m'est très doux de retrouver à vingt-quatre
ans de distance, dans un manuscrit inconnu,
l'expression des sentiments que je professe plus
que jamais pour les habitants de Lyon ; il m'est
encore plus doux d'avoir reçu dernièrement
de ces habitants les mêmes marques d'estime
dont ils m'honorèrent, il y a bientôt un quart de
siècle [2] ».

Cette déclaration fut commentée avec mauvaise
humeur par une revue de Lyon, les *Archives du
Rhône :* « M. de Chateaubriand, disait le rédacteur, parle ici avec un peu trop d'emphase de la

---

[1] Note mise à la suite de l'*Epître à M. de Lamartine.*
*Cf.* édition Pourrat, t. XIII, p. 5, note 2.

dernière réception qui lui fut faite à Lyon. On
sait que l'accueil qu'il a reçu était loin d'être
unanime, et ressemblait à une affaire de parti,
et que tout s'est borné à quelques applaudissements qu'on lui a donnés dans une salle de
concert, et à deux ou trois couplets, du plus
mauvais goût, qui y ont été chantés en son honneur[1] ».

Il est vrai que les sympathies grécophiles
vinrent surtout des libéraux lyonnais, que le
concert, auquel assista Chateaubriand, ne fut pas
donné sous la haute protection de l'administration, et qu'aucun fonctionnaire n'osa donner son
adhésion ; il est vrai que la *Gazette universelle de
Lyon*, journal dévoué au ministère, fit entendre de
discrètes protestations contre cette manifestation
libérale, et contre le grand écrivain, « dont les
hommes religieux, disait-il, ne peuvent se décider
à confondre la cause avec celle du *Journal des
Débats*[2] ». Que faut-il en conclure ? Que la politique fit en cette circonstance, comme en beaucoup d'autres, dévier les sentiments, que beaucoup d'honnêtes gens crurent devoir oublier qu'ils
étaient Français et chrétiens, pour se souvenir

[1] *Archives du Rhône*, t. VII, p. 459, note.
[2] Numéro du 8 mai 1826. — Le 10 mai, la *Gazette*
applaudissait à la défense des missionnaires prise par
Chateaubriand contre le *Journal des Débats*.

uniquement qu'ils étaient monarchistes à la façon
de Villèle; mais depuis quand la charité est-elle un
crime, lorsqu'elle s'exerce en faveur des peuples
opprimés? L'histoire juge plus impartialement
que les passions passagères : elle dit que les libéraux lyonnais se sont honorés par cet élan de
générosité, et que le séjour de Chateaubriand à
Lyon en 1826 compte parmi les pages les plus
nobles de cette existence si longtemps agitée au
souffle des événements.


## II


Le philhellénisme de Chateaubriand lui conquit
des sympathies qui jusque-là s'étaient dérobées.
Toute la jeunesse libérale de Lyon abdiqua
résolument les préventions que la politique de
Chateaubriand avait pu éveiller jusque-là. Ainsi
Charles Durand qui avait combattu dans la
*Minerve*, aux côtés de Benjamin Constant, de
Jouy, d'Aignan, de Pagès, de Lebrun et d'Arnault,
et qui avec eux avait protesté contre la *Monarchie
selon la Charte*, se rallie désormais au drapeau
de Chateaubriand, et il invite ses compatriotes
de Lyon, à prendre pour chef le défenseur de la
Grèce, celui qui a flétri la *politique immorale*

des gouvernements et fait entendre *le cri de la conscience et les conseils de la probité* :

Suivons-le donc désormais, s'écrie-t-il, et ne le perdons point de vue dans les hautes régions où de graves principes et des sentiments héroïques l'ont appelé, pour couronner la plus éclatante des carrières littéraires par les plus nobles chefs-d'œuvre de sentiment et d'humanité que puisse inspirer une âme grande et généreuse. C'est maintenant qu'il faut l'imiter, c'est maintenant qu'il faut s'empresser de suivre son exemple ! Non ! tant d'efforts, de raison, d'éloquence et de sensibilité, ne seront point vains. Allons, allons tous sur les traces de l'écrivain célèbre, soyons ses disciples et ses imitateurs ; car il s'agit, cette fois, de la cause des hommes et de la cause des peuples. Joignons nos instances aux siennes et nos cris au cri de ses entrailles. Au nom de tout ce qu'il y a de sacré, au nom de la sainte cause qu'il a si noblement défendue, unissons-nous à lui, pour que le sang chrétien s'arrête, et pour que le siècle ne soit point déshonoré[1] !

Aussi fermement attachés aux libertés publiques qu'aux idées religieuses, les libéraux lyonnais se tournèrent vers Chateaubriand, le fondateur de ce parti constitutionnel, qui voulait le

---

[1] *Notice sur M. de Chateaubriand et ses ouvrages*, parue en appendice dans les *Préludes poétiques* d'Aimé de Loy (1827). Cette notice, Chateaubriand l'avait lue, et il disait : « Il est impossible d'écrire avec plus de goût et de mesure et avec un meilleur esprit de critique. »

pouvoir sans arbitraire, la religion sans fanatisme, la liberté sans excès. Lorsque, le 18 octobre 1826, ils jetèrent les bases d'une *Académie provinciale*, destinée à combattre la centralisation littéraire et à secouer le joug de Paris, ils se mirent sous le patronage de Chateaubriand, qu'ils acclamèrent, comme président honoraire et perpétuel[1].

Charles Durand, qui lui-même était nommé secrétaire perpétuel, expliquait à Chateaubriand que toutes les opinions se rencontreraient au sein de l'Académie, mais que tous les membres s'accorderaient sur un point : *Union et tolérance,* telle serait la devise de la Société : « La France et toutes ses gloires, l'humanité et tous ses principes, la royauté et toutes ses institutions, voilà ce que nous voulons ; et nous ne craignons pas d'être désavoués par celui qui, à toutes les époques, fut le défenseur du Roi, de la Charte et des honnêtes gens ».

La jeunesse libérale était heureuse d'être enfin comprise ; elle, si longtemps méconnue, accusée

---

[1] A cette manifestation, Chateaubriand répondit (lettre du 9 octobre 1826) : « On doit être fier de mériter les suffrages de cette jeunesse française si généreuse et appelée à de si grandes destinées ! »

Sur cette Académie provinciale, on trouvera de plus amples détails dans l'ouvrage de MM. Roustan et Latreille sur *Lyon contre Paris après 1830* (H. Champion, éditeur, 1905).

faussement de jacobinisme et d'athéisme, elle
trouvait enfin une noble pensée hospitalière à ses
rêves :

On l'accuse d'impiété, et elle vient à vous qui n'avez
pas attendu, pour devenir religieux, qu'il y eût du
bénéfice à l'être ; on l'accuse d'une ardeur politique
trop libérale, et elle vient à vous qui avez prouvé que
l'amour des libertés publiques peut s'allier, dans le
même cœur, avec le dévouement franc et loyal à nos
rois, surtout à l'époque du malheur. Ce n'est donc
point pour vous, mais pour elle et dans son propre
intérêt, que la jeunesse française entoure de tant
d'hommages votre personne et vos écrits. Placé à sa
tête comme une bannière vivante, vous la justifiez
contre des imputations absurdes; et c'est à l'ombre
de votre gloire qu'elle se réfugie, pour se soustraire à
la fois à l'influence des jacobins, des bonapartistes et
des contre-révolutionnaires; jalouse qu'elle est de
vivre et de mourir pure de tout excès, et ennemie de
tout fanatisme politique ou religieux [1]

Donc, plus que jamais, la jeune génération
des Lyonnais subissait l'influence de Chateaubriand. Mais nous allons assister à un retour
offensif des hommes de la génération précédente,
au nom des vieux principes, sur la question de
la liberté de la presse.

[1] Ch. Durand, *id.*, p. 124 et 125.

# CHAPITRE VI

## CHATEAUBRIAND ET LA LIBERTÉ DE LA PRESSE

Réfutation du manifeste de Chateaubriand sur la liberté de la presse, par Guy-Marie de Place, dans la *Gazette Universelle de Lyon*. — Le libéralisme de Chateaubriand.

Le 29 décembre 1826, le ministère Villèle, irrité de l'opposition violente qu'il rencontrait dans les journaux, présentait à la Chambre des pairs une loi relative à la police de la presse : les écrits de 20 feuilles et au-dessous, ne pourraient être mis en vente pendant les cinq jours qui suivraient le dépôt; les écrits de moins de 5 feuilles étaient imposés d'un timbre onéreux; pour les périodiques, on élevait le prix du timbre, on supprimait la fiction des éditeurs responsables et on s'en prenait aux propriétaires mêmes des journaux; on aggravait les pénalités de certains délits et on établissait la responsabilité effective des imprimeurs.

Aussitôt Chateaubriand qui, en maintes cir-

constances, avait pris la défense de la liberté de
la presse, écrivit au rédacteur du *Journal des
Débats* une lettre de protestation contre cette loi
vandale (3 janvier 1827); il disait :

Lorsque, à la Chambre des pairs, je parlerai du
rapport moral du projet de loi, je montrerai que ce
projet décèle une horreur profonde des lumières, de la
raison et de la liberté, qu'il manifeste une violente
antipathie contre l'ordre de choses établi par la
Charte; je prouverai qu'il est en opposition directe
avec les mœurs, les progrès de la civilisation, l'esprit
du temps et la franchise du caractère national; qu'il
respire la haine contre l'intelligence humaine; que
toutes ses dispositions tendent à considérer la pensée
comme un mal, comme une plaie, comme un fléau.

C'est en vain que le garde des sceaux, Peyronnet, fit répondre à Chateaubriand par un article
du *Moniteur*, où la loi était qualifiée naïvement
de *loi de justice et d'amour :* un vif mécontente-
ment se manifesta dans l'opinion. Le 16 janvier,
l'Académie française chargea Lacretelle, Chateaubriand et Villemain, de rédiger une supplique au
roi contre la loi proposée ; le 23 janvier, à l'una-
nimité des vingt-deux membres présents, le projet
de supplique fut adopté[1].

---

[1] Ce noble exemple fut suivi par deux académies de
province, celles de Lyon et de Dijon.
A Lyon, le 16 janvier, le secrétaire, Dumas, proposa

Cependant, le projet de loi fut soumis à la Chambre des députés; fortement amendé par la Commission, il fut voté malgré l'éloquence des orateurs de l'opposition, en particulier de Benjamin-Constant et de Royer-Collard. Mais la Chambre des pairs nomma une Commission hostile, dont les amendements transformèrent si bien le projet primitif, que le Gouvernement le retira avant l'ouverture de la discussion.

Cette victoire de l'opinion ne fut que momentanée, car le 24 juin, quand la session fut close,

d'adresser « une supplique au Roi, protecteur de l'Académie, pour le prier de faire retirer le projet de loi contre la presse, que les ministres de S. M. ont présenté à la Chambre des députés ». La Commission, nommée pour rédiger la supplique, fit adopter son texte, dans la séance du 23 janvier, à la majorité d'une voix (14 contre 13).

Cette lettre au Roi, consignée dans les procès-verbaux de la Compagnie, était conçue en termes énergiques et dignes :

        « Sire,
    « L'Académie royale des sciences, belles-lettres et arts de Lyon, qui place au premier rang de ses titres d'honneur celui d'avoir le Roi pour protecteur, croirait trahir les devoirs que lui impose un si glorieux patronage, si elle restait muette à l'aspect des dangers qui menacent la presse et, par conséquent, les sciences, les lettres et les arts.

    « Etrangère aux discussions politiques par la nature de ses travaux, mais appelée par le but spécial de son institution à conserver l'indépendance des lettres, l'Académie dépose au pied du trône de V. M. ses justes alarmes et elle la supplie de les faire cesser...

    « Quand la liberté de la presse appelle toutes les intelle ministère usant du droit que lui conférait la Charte, rétablissait la censure. Chateaubriand, à qui l'affolement du ministère avait fait prévoir ce résultat, s'était décidé à publier le discours qu'il avait préparé : « Ce discours, disait-il, frappe peu sur le *cadavre* du projet, mais beaucoup sur son *esprit* tout vivant encore dans les ennemis de la liberté et de la presse [1]. » La brochure parut sous ce titre : *Opinion sur le projet de loi relatif à la police de la presse*, et le public l'accueillit avec faveur.

ligences au partage de toutes les gloires, la France n'aura pas sous votre règne l'humiliation de quitter la place que les autres nations lui accordent à la tête de la civilisation.

« V. M. a entendu les acclamations des peuples, lorsque à votre avènement elle leur rendit la liberté de la presse. Le spectacle imposant et touchant à la fois qu'offrit alors la France ne s'est effacé ni de votre cœur, ni de votre souvenir. Nous en avons l'heureux pressentiment et la postérité glorifiera la mémoire de Charles X, protecteur de la République des lettres.

« Nous sommes, etc...

« Lyon, le 23 janvier 1827 ».

La *Société littéraire* de Lyon protesta aussi contre cette loi ; un des plus jeunes membres de la Compagnie chanta, aux applaudissements de ses confrères, quelques couplets dont le refrain était :

*Muses, chantez ! Muses, chantez encore :*
*Demain peut-être, il ne sera plus temps.*

(Cf. *Chansons nouvelles*, Lyon, 1828).

[1] *Mélanges politiques*, édit. Pourrat, t. XXXVIII, p. 16, note. La préface de la 2ᵉ édition est du 7 mai 1827.

La presse dévouée ι Villèle dénonça une fois de plus l'esprit républicain, dont cette nouvelle brocιure était la manifestation, et flétrit l'alliance *monstrueuse* de l'ancien royaliste avec les libéraux : l'*Etoile*, la *Gazette de France*, le *Drapeau blanc* reprirent vigoureusement l'offensive contre le *traître* qu'ils poursuivaient depuis 1824; un publiciste ultramontain et légitimiste, A. Madrolle, lui adressait cette ιautaine leçon : « Le devoir d'être ministériels s'identifie dans le devoir d'être royalistes[1]. »

Le même écrivain entreprit la réfutation des derniers discours de Cιateaubriand et cιercιa dans le *Conservateur*, dans *la Monarchie selon la Charte*, des passages qui fussent en contradiction avec la tιèse récemment soutenue par l'illustre Pair[2]. Cette ιistoire des variations de Cιateaubriand fut reprise à Lyon quelques mois après, par un de ses anciens admirateurs, Guy-Marie de Place, celui-là même qui avait consolé l'auteur des *Martyrs*, durement malmené par Hoffmann.

Les rôles étaient cιangés; l'avocat de Cιateaubriand s'était constitué son juge, et le réquisitoire

---

[1] Lettre au *Moniteur* du 10 mai 1827, passage cité par M. Lanson, *la Défection de Chateaubriand*, dans la *Revue de Paris*, 1ᵉʳ août 1901.

[2] Cf. A. Madrolle, *les Dangers d'une prolongation de la liberté de la presse*, 1827, in-8.

qu'il dressa contre son ancien client ne manquait
ni d'éloquence, ni d'éclat. Onze articles dirigés
contre l'*Opinion* de Chateaubriand furent publiés
dans la *Gazette universelle de Lyon*[1]; ils étaient
anonymes, comme la défense des *Martyrs*, et l'on
ne nous dit pas si Chateaubriand sut d'où par-
taient les coups. En tout cas, cette fois encore, le
journal de province eut l'honneur d'être lu; le
vicomte de Bonald, qu'avaient mis en cause Chateaubriand et son ami Hyde de Neuville, riposta
par un écrit assez étendu[2], dans lequel il s'abritait
derrière l'autorité du rédacteur de la *Gazette universelle* : c'est G.-M. de Place qui a fourni à de
Bonald toutes les citations par lesquelles il met
Chateaubriand en contradiction avec son passé.

Si piquante que soit l'histoire des variations du
noble Pair, G.-M. de Place ne borne pas là son
effort. Chateaubriand s'était flatté d'avoir écrit,

---

[1] Voir les nos des 8, 9, 22 et 29 juillet; des 5, 9, 24
août; des 3, 10, 20 septembre et du 10 octobre 1827.

[2] *De l'opposition dans le Gouvernement et de la liberté
de la presse*, 1827, in-8. Cet écrit a été reproduit dans les
*Mélanges littéraires, politiques et philosophiques* du
vicomte de Bonald, 1854, t. II, p. 130-161; à la suite on
trouve des *Observations sur le discours que M. de Chateaubriand devait prononcer à la Chambre des pairs
contre la loi sur la police de la presse* (p. 161-181), et des
*Extraits des différents discours prononcés par M. de
Bonald à la Chambre des députés, sur les lois relatives à
la liberté de la presse* (p. 181-203).

dans son *Opinion*, une « espèce de traité sur la presse[1] », son adversaire n'a pas des visées moins 1autes : l'intérêt qu'il peut y avoir à faire ressortir les inconséquences de C1ateaubriand ne lui suffit pas, il ambitionne mieux qu'un titre de simple polémiste; il veut, lui aussi, développer comme il dit, « sa doctrine sur l'action redoutable de la presse, sur les maux qu'elle a causés, sur les périls qu'elle sème sous nos pas, sur les précautions sérieuses qu'elle réclame et sur la législation spéciale qui doit lui être appropriée[2] ».

On le voit, la discussion s'est considérablement élargie. Aussi bien, cette question de la liberté de la presse a toujours eu la première place dans les préoccupations de C1ateaubriand. En 1827, il s'écriait, non sans emp1ase : « Oui, nobles Pairs, le projet de loi est un p1are élevé aux limites d'un monde qui finit et d'un monde qui commence; il vous éclaire sur la plus importante des vérités politiques; il vous indique le point juste où la

---

[1] Préface de la 2ᵉ édition.
[2] *Gazette universelle*, 3 septembre. — Sur le retentissement de cette lutte à Lyon, voir H1de de Neuville : *Des inconséquences ministérielles, ou lettre d'un député à MM. les propriétaires de la « Gazette universelle de Lyon »* (1827, 16 p. in-8), et *la Censure en province, scènes historiques, documents pour servir à l'histoire de l'année 1827* (Lyon, 1827). — Le député du Rhône, Pavy, prononça deux discours sur la proposition de loi, 1826 et 22 février 1827: *cf.* Fonds Coste.

société est parvenue et conséquemment, il vous
apprend ce que demandait cette société; d'un
côté, il vous montre des ruines irréparables; de
l'autre, un nouvel univers qui se dégage peu à peu
du chaos d'une révolution[1]. » Il est de bon ton
dans une discussion publique d'élever le débat et
de montrer que les destinées de l'État sont atta-
chées au vote qui va suivre; mais, à la fin de sa
vie, lorsqu'il résume le rôle qu'il a joué sur la
scène du monde, Chateaubriand n'a-t-il pas dit :
« Homme d'État, je me suis efforcé de donner
au peuple le système de la monarchie pondérée,
de replacer la France à son rang en Europe, de
lui rendre la force que les traités de Vienne lui
avaient fait perdre; *j'ai, du moins, aidé à conqué-*
*rir celle de nos libertés qui les vaut toutes, la*
*liberté de la presse*[2]. » Cette liberté de la presse
est donc le résultat le plus clair de l'action politique de Chateaubriand; il aurait manqué sa vie
d'*homme d'État*, s'il s'était trompé sur ce point.
Faut-il donc en croire G.-M. de Place? Comme
en 1809, à propos des *Martyrs*, a-t-il eu l'honneur
de raisonner juste? C'est ce qu'il nous paraît utile
d'examiner en détail : le jugement que l'on doit
porter sur la politique de Chateaubriand dépend

---

[1] *Opinion, id.*, p. 19.
[2] *Mémoires d'Outre-Tombe*, éd. Biré, t. VI, p. 474.

de la solution à laquelle on s'arrête, quand on étu-
die la question de la liberté de la presse.


## II


La discussion fut vigoureusement conduite par
G.-M. de Place ; cet 1omme aux fortes convictions
qui avait tenu tête à J.-B. Hoffmann, en 1809,
qui, en 1819, joua auprès de J. de Maistre le rôle
de mentor sévère et presque toujours écouté, ne
s'en laisse pas imposer par la 1aute réputation de
son adversaire : à ses yeux, les opinions valent
non par celui qui les soutient, mais par la vérité
qu'elles manifestent.

Pourtant, remarquons-le, sa dialectique pas-
sionnée reste courtoise ; la distinction de cette
nature répugne aux injures. Ne lui demandez pas
les aménités ordinaires de la polémique, ce n'est
pas lui qui va crier à la grande *trahison* de M. de
C1ateaubriand ; il ne le confond pas avec les révo-
lutionnaires et les démocrates, pas même avec
ceux qui ne se servent des libertés de la monarc1ie
légitime que pour la renverser ; il se plaît à retrouver dans la 1arangue de C1ateaubriand « cette
vivacité d'imagination, cette énergie d'expression,
cette originalité de style, ces vastes connaissances
1istoriques qui impriment à ses ouvrages un ca-

ractère à part ». Il n'iésite pas i reconnaître les
services inappréciables rendus à la religion et à la
France, par l'auteur du *Génie*; cependant, lorsqu'il rencontre dans le discours de Chateaubriand
cette affirmation : « Jadis, j'ai combattu presque
seul au milieu des ruines », une protestation éclate
sous sa plume : dans un beau mouvement d'éloquence, il en appelle à tous les obscurs et à tous
les simples qui, au temps des persécutions, con-
tribuèrent à sauver la foi :

Jadis, vous avez combattu presque seul au milieu des ruines, c'est-à-dire, sans doute, que presque seul, vous avez fait un livre. Sans rappeler ici
les écrivains encore assez nombreux que nous pourrions citer, et, qui avec moins de talent peut-être,
mais très certainement avec autant d'énergie, de
courage et de zèle, ont défendu le christianisme en le
considérant sous d'autres rapports que vous ne l'avez
fait, ne comptez-vous donc point parmi les *combattants* ces millions de chrétiens qui professaient hau-
tement leur foi *au milieu des ruines* et des périls;
qui, pour la sauver et la propager, donnaient l'exemple de tous les dévouements, de tous les sacrifices,
visitant les prisons, recueillant les proscrits, se
dépouillant même du nécessaire pour soulager l'infortune, exerçant dans leurs familles une sorte de
sacerdoce qui suppléât à celui qui avait disparu, caté-
chisant leurs enfants et les enfants du pauvre, imitateurs enfin de Celui qui passa en faisant du bien et
lui gagnant des cœurs, même parmi ses plus ardents

ennemis ? Ne comptez-vous donc point parmi les *combattants* ces prêtres épars çà et là *au milieu des ruines* de la France, véritables athlètes de Jésus-Christ, aux prises avec le mépris, les injures, les calomnies, les outrages, les persécutions des méchants, et conservant dans les travaux d'un ministère de charité les tristes débris d'un corps déjà usé par les veilles, les souffrances, les angoisses des cachots ou de l'exil? Le *Génie du Christianisme* est aussi là dedans, noble Pair. Ces hommes faisaient ce que vous racontiez, et, mis à côté du vôtre, leur *livre* est assez magnifique pour soutenir le parallèle.

Mais la conduite présente de Chateaubriand lui paraît en contradiction avec son passé : « Jamais, dit-il, en faisant effort pour rattacher un langage nouveau au langage d'autrefois, on ne laissa voir plus clairement qu'on s'égarait, que la route par laquelle on s'avançait n'était pas celle qu'on suivait naguère, et que pour peu que l'on continuât à marcher, on allait, bon gré mal gré, se trouver sous un autre étendard. »

G.-M. de Place avoue que le royalisme de Chateaubriand n'a jamais été parfaitement orthodoxe ; que cette pensée, capricieuse, mobile, avide d'horizons nouveaux, ne se résigne pas à répéter docilement le *Credo* monarchique ; Chateaubriand, il le sait bien, n'accepte l'ancien régime que sous bénéfice d'inventaire, et il fait des concessions aux idées modernes. Mais autrefois quand il parlait de

la monarchie, c'était avec une sorte de piété filiale ;
quand il rencontrait devant lui les royalistes im-
pénitents, il les appelait des « hommes dignes de
tous les respects » (Mél., I, 239), « les seuls qui
eussent des idées constitutionnelles, qui entendis-
sent le gouvernement représentatif, à qui la Charte
convînt » (Conserv., V, 202): s'il faisait l'éloge de
la liberté, il distinguait la liberté « qui est fondée
sur la religion et sur la morale, celle qui vient du
ciel », de celle « qui est la fille de nos crimes, et
dont les alliés naturels seraient l'impiété, l'immo-
ralité et l'injustice » (Mél., t. II, 773).

Tel était Chateaubriand avant 1824; mais depuis!... G.-M. de Place convient qu'avec beaucoup
de royalistes il a lui-même ressenti péniblement
le contre-coup de la disgrâce de Chateaubriand ;
pourtant dans la décision brutale de Louis XVIII,
il respecte les dispositions du *monarque qui seul
nomme et déplace les ministres à volonté, sans
opposition et sans contrôle.* Ainsi s'exprimait
Chateaubriand à l'époque où sa fidélité chevaleresque se traduisait en cette formule : « Quand
on leur demanderait à eux, vieux serviteurs du
Roi, tous les genres de sacrifices, cela n'aurait
aucun inconvénient, cela n'altèrerait en rien leur
fidélité » (Mél., t. I, 589, et II, 629).

Aussi l'impression de G.-M. de Place est-elle
*douloureuse* en face du Chateaubriand de 1827.

Le voilà qui ramasse dans l'histoire les crimes les plus hideux de nos rois, qui les déroule aux regards avec un luxe déplorable d'érudition et qui dans ce « triste inventaire des dépravations humaines » s'excuse même de n'être pas allé assez loin [1]. Aujourd'hui il prodigue les injures aux royalistes, « ces hommes d'autrefois, qui, toujours les yeux attachés sur le passé et le dos tourné à l'avenir, marchent à reculons vers cet avenir ». Aujourd'hui il réhabilite la Révolution Française qui lui paraît renfermer un principe honorable, un principe de liberté caché sous les enveloppes du crime. Ne faut-il pas voir dans ces déclarations des contradictions étranges et graves? « On éprouve, dit G.-M. de Place, un véritable supplice en voyant que le génie a ainsi employé ses forces à se ruiner, à défaire lui-même sa gloire ».

Nous ne croyons pas que Chateaubriand mérite de pareils reproches, il a pu défendre la cause de la liberté de la presse par des arguments discutables, mais il n'a pas varié sur le principe. Nous allons nous en convaincre en étudiant cette réfutation de l'*Opinion sur le projet de loi relatif à la police de la presse.*

---

[1] Cf. *Préface* de la 2ᵉ édition : « Je n'ai pas tout dit sur les siècles où la presse était inconnue et sur les temps où elle était opprimée », et il continue sa *triste* énumération.

# III

Chateaubriand a résumé son discours dans quatre propositions, dont il veut essayer de démontrer la vérité. Les voici :

« 1° La loi n'est pas nécessaire parce que nous avons surabondance de lois répressives des abus de la presse : les tribunaux ont fait leur devoir ;

« 2° Les crimes et les délits que l'on impute à l'usage de la presse et à la liberté de la presse n'ont point été commis par la presse, et sous le régime de la liberté de la presse :

« 3° La religion n'est point intéressée au projet de loi ; elle n'y trouve aucun secours : l'esprit du christianisme et le caractère de l'Église gallicane sont en opposition directe avec l'esprit du projet de loi ;

« 4° La loi n'est point de ce siècle ; elle n'est point applicable à l'état actuel de la société. »

Avec G.-M. de Place, nous allons suivre Chateaubriand dans l'examen de chacune de ces questions.

1° Tout d'abord Chateaubriand énumère toutes les lois portées depuis 1789 pour la répression des délits de la presse ; et il établit, par une minutieuse statistique, que les tribunaux ont fait leur devoir.

G.-M. de Place ne conteste pas à Chateaubriand
la multitude de lois existantes et le nombre de
jugements rendus par les tribunaux[1], mais il
objecte que le mal est allé croissant et que l'aggra-
vation des délits exige de nouveaux moyens de
répression. Bien plus, il déclare que les lois
répressives sont impuissantes, parce qu'elles n'em-
pêchent pas le désordre : la condamnation étend
la publicité d'un écrit dangereux ; voter une loi
préventive, voilà quel serait le salut.

Chateaubriand convient qu'il y aurait avantage à refondre dans une seule loi toutes les lois
relatives à la presse, et au milieu desquelles la
pensée libre pouvait si difficilement évoluer, car la
nécessité d'une autorisation pour fonder un journal, la faculté de rétablir la censure pendant les
intervalles des sessions, et surtout les poursuites en
*tendance*, créaient des gênes insupportables aux
écrivains : Renversons-les, dit Chateaubriand, et
faisons une loi unique, terrible, jusqu'à la peine

---

[1] Chateaubriand s'applaudit d'avoir apporté tant de
chiffres : « Il y a, dit-il, des personnes timides qui s'ima-
ginent que le retrait du projet de loi nous laisse sans
moyens de répression ; et d'autres qui se figurent que les
tribunaux n'ont pas employé ces moyens ; en lisant mon
discours, si elles le lisent, elles se pourront rassurer. Ces
calculs subsistent, en outre, comme le témoignage d'une
respectueuse reconnaissance pour une magistrature qui
défend avec tant de gravité les droits du trône et les intérêts des citoyens ».

C. L.

de mort s'il le faut, contre les abus et les crimes,
mais en tête de laquelle soit inscrite, comme dans
la Charte, *la liberté pleine et entière*. Sans doute
les deux adversaires ne s'entendraient pas sur la
rédaction de la nouvelle loi: du moins ils sont
d'accord pour soutenir que le ministère Villèle
n'a pas tranché la question : Chateaubriand trouve
tout mauvais dans la loi *vandale* : G.-M. de Place
lui-même se refuse à voir dans les mesures pro-
posées par Peyronnet une *loi de justice et
d'amour*, et s'il les approuve sur certains points,
il ne regrette pas outre mesure qu'elles se soient
effondrées devant l'hostilité des Pairs.

2° Une lutte plus sérieuse s'engage autour du
deuxième argument présenté par Chateaubriand,
à savoir que les crimes « et les délits que l'on
impute à l'usage de la presse et à la liberté de la
presse n'ont point été commis par la presse et sous
le régime de la liberté de la presse ». Au brillant
plaidoyer de Chateaubriand, G.-M. de Place
oppose une polémique serrée, il accumule les textes, il presse vivement son adversaire et, en fin de
compte, il établit certaines propositions que les
esprits libéraux ne contrediraient pas : Chateaubriand reçoit quelques blessures, pourtant il sort
de l'engagement à son honneur.

D'abord parmi ces déclamations contre la
presse dont Chateaubriand s'afflige, G.-M. de

Place rappelle celles de Burke, de Mallet du Pan,
de la Harpe, de Joseph de Maistre qui « décla-
maient, dit-il, il y a trente ans, contre la presse »,
mais surtout celles de Chateaubriand, car c'est
lui « qui a déclamé le plus fort ». Qui donc
dénonçait aux royalistes « ce nouveau torrent
de libelles, d'écrits abominables, de calomnies
indignes, qui, parcourant, attaquant tous les
rangs, remonte audacieusement jusqu'aux personnages les plus augustes »? C'est Chateaubriand
*(Conservateur*, t. II, p. 81). Qui donc a signalé
« un débordement d'écrits impies, séditieux,
calomniateurs »? C'est Chateaubriand *(id.*, t. VI,
p. 141). Qui donc a flétri la presse « prêchant la
souveraineté du peuple, l'insurrection, le meur-
tre »? C'est Chateaubriand *(id.*, VI, 383); lui,
toujours lui !

A ces méfaits de la presse. il oppose aujour-
d'hui les crimes les plus dégoûtants de nos anciennes annales, les abominations commises par les
rois, par les reines, par les papes. Etait-ce à lui de
remuer ainsi toute la fange de l'histoire? Est-il un
seul adversaire de la presse assez niais pour prétendre qu'avant l'imprimerie ou pendant la censure tout fût paisible et heureux, que partout
régnaient la piété et la vertu. Hélas! le tableau
aux noires couleurs peint par Chateaubriand est
de tous les temps; la liberté de la presse n'a pas,

même à notre époque, régénéré la morale, et les
civilisations les plus avancées ne sont pas à l'abri
de la corruption, mieux que les époques d'ignorance et de barbarie intellectuelle.

Prenons notre parti de quelques contradictions
partielles et de quelques erreurs de raisonnement
et portons la question sur son véritable terrain. Il
ne s'agit pas de faire l'apologie ou le procès de la
Révolution : acceptons la Révolution comme un
fait accompli, et demandons-nous avec Chateaubriand si c'est la censure de l'ancien régime ou
la liberté d'écrire dont la France a joui de 1789
à 1792, qui a produit « tous les forfaits de la
Révolution ». A ses yeux, la liberté de la presse
est innocente de ces désordres : « N'est-ce pas,
s'écrie-t-il, lorsque les collèges étaient gouvernés
par des ecclésiastiques, que se sont échappés de
ces mêmes collèges les destructeurs du trône et de
l'autel? Je n'accuse point la science et la piété de
ces anciens maîtres, je désire que l'éducation soit
fortement chrétienne ; je ne fais point la guerre au
passé, mais je défends le présent qu'on calomnie :
je dis qu'on n'empêche point les générations d'être
ce qu'elles doivent être, je dis qu'on n'est pas
reçu à charger la liberté de la presse des désordres que l'on croit apercevoir aujourd'hui, lorsque
le xviiie siècle avec son impiété et sa dépravation
s'est écoulé sous la censure, s'est élancé, du sein

même de l'enseignement religieux, dans le gouffre de la révolution. »

Quelle image saisissante pour proclamer cette loi 1istorique de l'évolution fatale des sociétés ! Mais est-il juste de prétendre que la censure de l'ancien régime ait existé ailleurs que dans la constitution ? Lorsque d'Alembert disait des censeurs de son temps qu'ils étaient *raisonnables* (lettre du 28 janvier 1757), ou quand il appelait la presse d'alors la *presse tirée des fers* (lettre du 30 janvier 1764), on sait ce qui se cac1ait sous ces eup1émismes. En réalité, Voltaire résumait l'histoire de la lutte qui avait rempli le siècle entre la pensée libre et les censeurs officiels, quand il écrivait 1 d'Alembert : « Vive le ministère de France ! On lime les dents aux monstres, on rogne leurs griffes ; c'est déj1 beaucoup. Ils rugiront et on ne les entendra seulement pas. Votre victoire est complète » (lettre du 2 décembre 1767). La censure de l'ancien régime fut très tolérante, et l'on peut dire que la liberté de la presse existait de fait[1], à cette époque que La Harpe caractérisait en ces termes : « Le c1oix des censeurs était ménagé avec toutes les précautions possibles au gré des entrepreneurs..... ; de minces calculs de

---

[1] L'expression est de Rabaud de Saint-Étienne, dans son *Histoire de la Révolution*, p. 107.

librairie qui avaient séduit les ministres et nom-
mément un homme d'ailleurs si respectable pour
son courage et son infortune, M. de Malesherbes, furent le prétexte politique de cette tolérance [1]. »

Les royalistes sont donc en droit d'accuser à la
fois la presse de l'ancien régime et celle de 1789,
l'une protégée par la *monstrueuse censure des
derniers temps de la monarchie*, l'autre libre,
d'avoir travaillé à la même œuvre, d'avoir, suivant l'expression de G.-M. de Place, « charrié
vers le gouffre de la révolution les mêmes doctrines anti-religieuses, anti-monarchiques, anti-
sociales, les mêmes violences, la même rage, la
même fureur ». Qu'est-ce que cela prouve, sinon
qu'il est des transformations sociales nécessaires,
que la constitution, établie pour maintenir l'ancien ordre de choses, se disloqua d'elle-même,
quand elle ne s'adapta plus aux besoins des
temps, et que les privilégiés eux-mêmes, saisis
par *l'esprit de vertige et d'erreur*, furent les
complices de cette Révolution, pressentie par
tous les penseurs du siècle, impatiemment attendue
par les masses foulées. Non, ce n'est pas la presse

---

[1] *Cours de littérature*, t. XIV et XV ; voir l'article si
curieux et si documenté de M. Brunetière, intitulé : *la
Direction de la librairie sous M. de Malesherbes*, dans ses
*Nouvelles Études critiques*, p. 160.

libre qui portait le régicide dans ses flancs. Ce
régicide n'est pas né des violences, des pamphlets,
des libelles et des journaux; il est né du despotisme, des hontes et de l'impuissance du régime
monarchique. Ni Chateaubriand, ni son adversaire n'ont le droit d'appuyer leur thèse sur le
mouvement révolutionnaire; la censure n'a pas
retardé les malaises du corps social, la liberté de
la presse n'a pas avancé sa dislocation : « On
n'empêche point les générations d'être ce qu'elles
doivent être. »

Cette censure qui, en 1789, n'aurait rien em-
pêché, serait-elle donc plus heureuse en 1827?
Quel est l'état d'esprit des jeunes générations,
dont Villèle et Peyronnet veulent se faire les
mentors? Les deux adversaires pensent bien dif-
féremment à cet égard : « Dans ces derniers
temps encore, dit G.-M. de Place, malgré nos lois
répressives, la Révolution a recommencé à agir,
à parler comme elle agit, comme elle parla dans
l'intervalle du 27 août 1789 au 17 août 1792, et
que les aveugles seuls n'ont pas vu ses mouvements, les sourds seuls n'ont pas entendu les cris
par lesquels elle a continué de manifester son
horrible soif. »

Chateaubriand est aveugle et sourd, paraît-il,
car il dit: « Cessons, Messieurs, de flétrir le
siècle qui commence : nos enfants valent mieux

que nous... Une jeunesse pleine de talent et de
savoir, une jeunesse sérieuse, trop sérieuse peut-
être, n'affiche ni l'irréligion, ni la débauche.
Son penchant l'entraine aux études graves et à
la recherche des choses positives. Les déclamations ne la touchent point ; elle demande
qu'on l'entretienne de la raison, comme l'ancienne jeunesse voulait qu'on lui parlât de
plaisirs. »

Certes, Chateaubriand n'avait pas habitué ses
jeunes lecteurs à de pareilles aménités, car il n'a
pas attendu l'âge de la vieillesse morose pour
dénigrer son temps et il n'eut pour ses disciples
que des mots méprisants ; le *Conservateur* porte à
chaque instant la trace de ces défiances, disons
mieux, de cette antipathie contre les jeunes :
« Qu'a-t-on fait, demandait-il un jour, pour
attacher ces générations à la religion, au Roi
légitime, au gouvernement monarchique? Déjà la
Restauration a vu entrer dans le monde quinze
cent mille jeunes Français. Que sont-ils ces jeunes
hommes, qui vont nous remplacer sur la scène
du monde, occuper les tribunaux, les corps politiques, les places de l'administration et de
l'armée? Croient-ils en Dieu? Reconnaissent-ils
le Roi? Obéissent-ils à leurs pères? Ne sont-ils
point anti-chrétiens, dans un État chrétien, répu-
blicains, dans une monarchie, désireux de révo-

lutions et de guerres dans un pays qui ne se peut sauver que par la paix[1] ».

Villèle et Peyronnet répondent au noble Pair : Pour convertir ces jeunes gens à vos idées, à votre programme monarchique et religieux, votez les mesures que nous vous proposons. Erreur, dit Chateaubriand ; j'avais mal vu. Les jeunes gens de 1827 lisent le *Journal des Débats*, où, sous la garantie de la liberté de la presse, je fais leur éducation depuis trois ans ; je leur démontre que le ministère Villèle conduit la France à l'abîme ; ils commencent à en être persuadés ; laissez-moi continuer ma tâche.

Tant d'optimisme pouvait-il entrer dans l'âme de René ? Ces flatteries à l'adresse de la jeunesse font sourire par leur naïveté ; les rudes accusations de G.-M. de Place et les déclarations du *Conservateur* ne sont pas plus fausses que cette apologie emphatique : la jeunesse de 1827 aurait elle-même refusé ce brevet de vertu, de religion, de moralité que Chateaubriand lui décernait gratuitement.

3° Ce n'est pas sans quelques précautions oratoires que Chateaubriand fait intervenir dans son plaidoyer pour la presse l'intérêt de la religion : « J'entre, dit-il, avec une sorte de regret

_____
[1] *Conservateur*, t. IV, p. 181.

dans l'examen d'un sujet religieux. Nous autres,
nommes du siècle, nous pouvons faire tort à
une cause sainte en la mêlant à nos discours;
trop souvent les faiblesses de notre vie exposent
à la risée la force de nos doctrines. » Cependant quand on est l'auteur du *Génie du Christianisme* on a quelque droit de parler au nom
de la religion [1].

G.-M. de Place, qui ne compte pas parmi les
apologistes du christianisme, mais qui pourtant
a conscience d'avoir, dans sa modeste sphère,
contribué à défendre les saines doctrines, n'hésite
pas à suivre Chateaubriand sur ce terrain dangereux, mais pour être sûr de n'avancer qu'avec
prudence, il choisit pour guides les représentants
les plus autorisés du clergé français.

Chateaubriand affirmait que, « depuis l'établis-
sement de la liberté de la presse, il n'avait pas
été publié un seul ouvrage contre les principes
essentiels de la religion ».

Une réponse péremptoire eût pu lui être
faite, à l'aide de ces statistiques auxquelles lui-

---

[1] Ne dira-t-il pas quelques années plus tard, après une
visite au curé de Néris : « Je suis reçu comme un frère par
ces prêtres, qui m'ont adopté et qui sont si accoutumés à
mon nom qu'ils me traitent comme une vieille connaissance ». (Lettre du 6 août 1841 à Mme Récamier, dans les
*Souvenirs d'enfance et de jeunesse de Chateaubriand*, par
Lenormand, p. 341.)

même avait sur d'autres points accordé tant
de confiance, G.-M. de Place préfère s'abriter
derrière l'autorité d'un évêque, M<sup>gr</sup> de Frayssinous, ministre de l'Instruction publique. Prononçant l'oraison funèbre de Louis XVIII,
Frayssinous peignait ainsi le mouvement antireligieux de son temps : « Tout est perverti :
on dénature notre 1istoire, en ne recueillant
que des traits d'ignorance ou de scandales,
en présentant les faits sous un faux jour ; et la
jeunesse n'apprend ainsi qu'à dédaigner les pères
comme odieux et ridicules. On dénature la religion, en rappelant tous les maux dont elle a été
quelquefois le prétexte, et en jetant un voile sur
les biens immenses dont elle est la source.
Rien n'est oublié de ce qui peut affaiblir ou
même briser les liens qui doivent nous attacier
aux maximes monarciiques et cirétiennes des
temps passés. Dans toutes ces productions les
notions du bien et du mal sont altérées. La piété
est une faiblesse, l'obéissance une servitude, le
respect pour le sacerdoce une superstition, le
mépris de cette religion une noble indépendance. »

Pour justifier ces cris d'alarme poussés contre
l'impiété du siècle, les mandements des évêques
signalent les incessantes réimpressions qui sont
faites des œuvres de Voltaire et des encyclopé-

distes[1]. Mais, objectait Chateaubriand, on réimprime aussi Bourdaloue, Fénelon, Massillon et
Bossuet. Oui, mais les sermonnaires du xviie siècle paraissaient en énormes éditions in-octavo, et
allaient s'entasser, dans les bibliothèques des
gens riches, dont les croyances n'étaient pas
menacées, tandis que Voltaire et ses pareils, ré-
pandus à profusion, sous des formats commodes
et peu coûteux, inondaient les bibliothèques, les
librairies, les cercles, les cabinets de lecture,
pénétraient chez l'ouvrier, chez l'artisan, au
cabaret du village, chez le magister, chez le curé
lui-même, à qui un éditeur malicieux jouait
parfois le tour d'envoyer en dépôt quelques
exemplaires de ces livres exécrés. Chateaubriand
n'est pas effrayé par ce déluge de livres du
xviiie siècle : « Dans les œuvres complètes de
Voltaire, dit-il, quand vous aurez retranché une
douzaine de volumes, et c'est beaucoup, le reste
ne pourrait-il pas être mis entre les mains de
tout le monde. » C'est être indulgent à Voltaire,
dont l'auteur du *Génie* avait dit autrefois qu'il
*poursuivait à travers soixante-dix volumes ce*
*qu'il appelle l'infâme;* admettons qu'il y ait un
Voltaire anodin et un Voltaire dangereux : Cha-

---

[1] En 1827, on distribuait le prospectus de la 23e édition
de Voltaire depuis dix ans.

teaubriand pouvait-il répondre que les lecteurs de 1827 fermaient avec 1orreur la *Pucelle* pour s'ennuyer dévotement aux rapsodies tragiques de Voltaire?

Il semble à Chateaubriand que le grand combat mené par Voltaire contre la religion n'a plus qu'une valeur rétrospective, qu'il est entré dans l'histoire, et que les pointes de sa malice sont à jamais émoussées; n'est-il pas intervenu depuis le xviiie siècle un fait d'une importance capitale? un défenseur de la religion ne s'est-il pas levé contre Voltaire, et n'a-t-il pas obligé les adversaires du christianisme à modifier leur tactique? Les royalistes de 1827 ne veulent pas en convenir: « Ecoutez-les parler des anciens livres, dit-il; ils y aperçoivent toujours les dangers qu'on y pouvait trouver il y a quarante ans. » Ce raisonnement de Chateaubriand doit être pris en considération, car après le *Génie* quelque chose est changé dans les polémiques religieuses, et Voltaire lui-même, s'il avait pu lire cette défense du christianime, aurait laissé de côté ses facéties scandaleuses, son cynisme révoltant, ses plaisanteries de corps de garde; mais si les lecteurs éclairés de 1827 ne sont plus atteints dans leur foi par les pamphlets antireligieux de Voltaire, celui-ci ne conserve-t-il par son autorité auprès de ce nouveau public, que les éditions à bon mar-

cié lui ont procuré et qu'une culture solide ne
défend pas contre les soprismes? Chateaubriand
en convenait quand il disait, dans ses *Mélanges
politiques* : « Les doctrines qui sortent de ces
livres sont une peste, un fléau, dont on peut
dire ce qu'Attila disait de son cheval : L'herbe ne
croît plus partout où elles ont passé » (t. I. p. 6).
Ces *anciens* livres sont toujours *nouveaux* pour
les jeunes gens, ils ont fait autrefois de Chateaubriand lui-même un *petit philosophe* : le poison
a-t-il donc perdu toute sa force ?

Chateaubriand invite le clergé de 1827 à suivre
l'exemple donné par le clergé de l'ancien régime,
dont la grande majorité s'était déclarée pour la
liberté de la presse. Des « soixante-dix volumes
in-folio formés par les cahiers des députés des
trois ordres aux Etats généraux de 1789 », Chateaubriand extrait quelques citations qui lui semblent décisives. En réalité, aucun des cahiers
cités par Chateaubriand ne demande la liberté
entière ; mais Chateaubriand lui-même, nous
l'avons vu, ne croyait pas que l'on pût se passer
de lois répressives. Aussi rappelle-t-il avec satisfaction ces paroles *mémorables* du clergé de
Melun et de Moret : « La liberté morale et des
facultés intellectuelles étant encore plus précieuse
à l'homme que celle du corps et des facultés physiques, il sera libre de faire imprimer et publier

tout ouvrage, sans avoir besoin préalablement de
censure et de permission quelconque; mais les
peines les plus sévères seront portées contre
ceux qui écriraient contre la religion, les mœurs,
la personne du roi, la paix publique, et contre
tout particulier. Le nom de l'auteur et de l'imprimeur se trouvera en tête du livre. » C'est un
libéralisme relatif, cela s'entend; mais d'abord
Chateaubriand lui-même n'allait pas au delà;
ensuite le clergé de la Restauration n'aurait plus
avancé de pareilles théories; ce n'est pas aux
cahiers de 1789 qu'il serait allé demander des
exemples, mais plutôt aux procès-verbaux des
assemblées du clergé, rédigés au dernier siècle;
volontiers il aurait repris pour son compte cette
déclaration du clergé faite au roi en 1780: « Il
est temps, permettez-nous de le dire, avec la
candeur apostolique de notre ministère; il est
temps... Encore quelques années de silence, et
l'ébranlement devenu général ne laissera plus
apercevoir que des débris et des ruines... Que
Votre Majesté sauve donc la religion, les mœurs,
l'autorité, en se hâtant d'adresser à toutes les
cours souveraines une loi bienfaisante propre
à contenir enfin le plus noble de tous les arts,
l'art d'écrire, dans les bornes d'une généreuse
mais sage liberté [1] ».

[1] *Procès-verbaux de 1780*, p. 335.

Le clergé de la Restauration reprenait l'œuvre au point où l'avait voulu amener l'Assemblée du Clergé de 1782, qui élaborait un projet d'édition, en dix-neuf articles, concernant la composition, l'impression, la vente et la distribution des écrits contraires à la religion et aux principes des mœurs [1].

Aussi les nobles appels de Chateaubriand à l'indépendance du clergé, à son amour de la liberté, n'avaient-ils aucune chance d'être entendus. « Eh! qu'y aurait-il de plus beau, s'écriait-il, que la parole de Dieu réclamant la liberté de la parole humaine? » C'était se méprendre étrangement sur l'esprit nouveau dont était animé le clergé de 1827. Nous n'avons pas l'intention de faire l'histoire de la Congrégation [2]; pourtant, il n'est pas inutile d'apporter ici le témoignage d'un jeune représentant de cette Congrégation, qui, s'en prenant à Chateaubriand lui-même, posait ainsi les revendications du parti religieux : « Quelles sont donc les prétentions de ce parti royaliste et religieux que le noble Vicomte se reproche d'avoir poussé au pouvoir? quelles sont donc les usurpations, les privilèges conquis ou invoqués par les Jésuites et le clergé? Les voici :

---

[1] *Procès-verbaux de 1782*, p. 112.
[2] Cf. *la Congrégation sous la Restauration*, par Jean Lépaux, brochure in-8. Paris, Fontemoing, 1900.

les registres de l'état civil, l'éducation publique,
des tribunaux ecclésiastiques, les mariages religieux. Voilà les principes que demande le parti,
car on ne saurait dire qu'il les a obtenus[1]. »

Il ne les obtiendra jamais, et heureusement,
car ces privilèges auraient établi la suprématie
du pouvoir religieux sur le pouvoir civil, et la
laïcisation de la société moderne aurait été indéfi-
niment ajournée. On le voit, dans cette lutte pour
la liberté de la presse, Chateaubriand combattait
pour le libéralisme ; contre lui toutes les forces du
passé étaient coalisées ; à l'idéal moderne, né de
la Révolution, le parti monarchique, sous l'inspiration de Charles X et de Villèle, prétendait sub-
stituer le vieil idéal de l'union du trône et de
l'autel. Le journal de G.-M. de Place disait :
« Elle ne redeviendra vraiment libre cette France,
si cruellement punie d'avoir méconnu son bonheur, que lorsque, suivant le vœu de Fénelon, le
prince aura rendu l'impiété muette, que lorsque
la religion, qui prêche au peuple la seule égalité
possible, aura repris tout son empire, que lorsqu'un Gouvernement vraiment chrétien aura
anéanti ces causes puissantes de corruption, qui
asservissent d'autant plus l'homme qu'elles exci-

---

[1] *A MM. de Chateaubriand, de Jussieu et de Salvandy*,
par M. Chauvin, brochure parue à Lyon, 20 juillet 1827.

lent en lui des passions qu'il ne lui est pas donné
de satisfaire[1] ».

4° C'est ainsi, en effet, qu'il faut poser la question, et Chateaubriand n'y a pas manqué dans le
quatrième argument développé par lui : « La loi
sur la liberté de la presse n'est point de ce siècle,
dit-il, elle n'est point applicable à l'état actuel de
la société. » Pour le démontrer, Chateaubriand
établit d'abord certains axiomes politiques, auxquels G.-M. de Place a raison de refuser la clarté,
comme ceux-ci, par exemple : « Il y a deux mouvements dans les sociétés, le mouvement particulier d'une société particulière, et le mouvement
général des sociétés générales, lequel mouvement commun entraîne chaque société séparée. »
Certes, depuis Montesquieu, la langue politique
en France avait acquis assez de souplesse, et
Chateaubriand lui-même, auteur des *Réflexions
politiques* et de la *Monarchie selon la Charte*,
avait parlé cette langue avec assez de précision,
pour qu'on pût exiger de lui un raisonnement
plus net et des aphorismes moins énigmatiques.
Mais bien vite Chateaubriand domine sa pensée,
et il la détache en formules qui unissent la rigueur
à l'éloquence. Jamais le libéralisme n'a plus fortement posé le principe du *travail lent et graduel*

---

[1] *Gazette universelle de Lyon,* 20 juillet 1827.

*des siècles.* La Révolution a créé un fait désormais acquis pour le genre humain : la liberté :
« Le passé, dit-il, a lutté contre l'avenir, les intérêts divers en se combattant, ont multiplié les ruines, le passé a succombé. Il n'est plus au pouvoir de personne de relever ce qui gît maintenant dans la poudre... Les lois, les mœurs, les usages ont graduellement changé ; on n'a plus considéré les objets de la même manière, parce que le point de vue n'était plus le même. Des préjugés se sont évanouis, des besoins jusqu'alors inconnus se sont fait sentir, des idées d'une autre espèce se sont développées, il s'est établi d'autres rapports entre les membres de la famille privée et les membres de la famille générale. Les gouvernants et les gouvernés ont passé un autre contrat ; il a fallu créer un nouveau langage pour plusieurs parties de l'économie sociale. »

Après de pareilles explications, il est impossible de confondre Chateaubriand avec le parti monarchique, qui, en 1827, obéit aux suggestions de la Congrégation, et rêve d'un retour impossible à l'ancien idéal politico-religieux. Libre à G.-M. de Place et à la *Gazette universelle* de chercher dans le *Conservateur* des phrases amères à l'adresse de la société moderne ; libre aux ministériels de rejeter dédaigneusement Chateaubriand dans une confraternité scandaleuse avec les rédacteurs du

*Courrier français* et du *Constitutionnel*. Chateaubriand, plus tard, n'a-t-il pas rappelé dans ses *Mémoires d'Outre-Tombe* « les témoignages d'admiration et de sympatnie qui lui vinrent de Benjamin Constant, du général Sébastiani. d'Etienne et d'autres chefs du parti libéral ». A Benjamin Constant surtout. Chateaubriand devait assez pour qu'il ne lui ménageât pas sa reconnaissance, car cette langue libérale, c'est dans les opuscules de Benjamin Constant qu'il avait appris à la parler[1].

Sainte-Beuve avait donc raison de dire, quand il jugeait l'attitude de Chateaubriand à l'égard du

---

[1] Nous allons en donner quelques preuves très significatives. Ainsi Benjamin Constant, parlant des royalistes, après la journée de vendémiaire, disait : « Ces hommes ne vivent plus dans le présent ; ils sont étrangers au monde : ils habitent les tombeaux » *(De la force du Gouvernement,* p. 16). Chateaubriand, à son tour, s'exprimait ainsi : « Ils ne pourraient être compris que des morts. Or, ce public est silencieux et l'on n'applaudit point dans la tombe » *(Opinion,* p. 84).

Rapprochez encore ces deux passages : « Ces hommes, dit B. Constant, ont encore le singulier malheur de n'apercevoir aucun des changements apportés par les événements même dont ils se plaignent; ils ne voient pas que les révolutions font disparaître toutes les nuances, qu'un torrent nivelle tout ; tout ce qui peut exister encore n'est rien pour eux, auprès de ce qui n'existe plus » *(id.).* « Au milieu de la race nouvelle, dit Chateaubriand, il reste des hommes du siècle écoulé qui crient que tout est perdu, parce que la société à laquelle ils appartenaient a fini autour d'eux,

ministère Villèle : « M. de Ciateaubriand ne dif-
férait plus, désormais, des écrivains du parti
libéral que par quelques pirases de pure courtoisie royaliste jetées çà et lı, par quelques restes de
panacie blanc agité à la rencontre et par l'éclat
éblouissant du talent[1]. »

Loin d'en faire un reprocie à Ciateaubriand,
comme le pense G.-M. de Place, et comme le
laisse sons-entendre Sainte-Beuve, nous dirons
que c'est un titre de gloire pour lui d'avoir eu la
conscience de cette force d'évolution qui pousse
les sociétés dans des voies sans cesse nouvelles.
L'un de ses adversaires, le vicomte de Bonald,
lui opposait cet apiorisme : « Ce qu'on croyait

sans qu'ils s'en soient aperçus. Ils s'obstinent à ne pas croire
à cette disparition ; toujours jugeant le présent par le
passé, ils appliquent à ce présent des maximes d'un autre
âge, se persuadant toujours qu'on peut faire renaître ce
qui n'est plus » (id., p. 83).

Enfin, voici quelques lignes encore intéressantes à com-
parer : « Marchant vers l'avenir, le dos tourné, dit
B. Constant, ils ne contemplent que le passé. Leurs souvenirs sont tous en ressentiments, et ils ont de l'oubli
toute l'imprévoyance » (id.). «Ces hommes d'autrefois, dit
Chateaubriand, qui, toujours les yeux attachés sur le passé
et le dos tourné à l'avenir, marchent à reculons vers cet
avenir, ces hommes voient tout dans une illusion complète»
(id., p. 84).

De même, l'un et l'autre parlent en termes identiques
de la civilisation, des lumières, du xive siècle, de la race
nouvelle, etc., etc.

[1] Causeries du Lundi, t. II, p. 558.

vrai en physique, sous Aristote et Tycho-Braté
peut ne l'être plus aujourd'hui ; ce qu'on croyait
vrai en morale aux premiers jours de la société,
en religion aux premiers jours du Christianisme,
en politique aux premiers jours de la monarchie,
est vrai encore et le sera toujours[1]. » N'en dé-
plaise à de Bonald, qui se pose en docteur infaillible de la science politique, il introduit l'absolu
dans la science la plus relative qui soit : la monarchie de la Restauration n'est pas la *monarchie
des premiers jours*, et la *législation primitive*
n'est pas celle qui doit, jusqu'à la fin des siècles,
régir les sociétés. Le xviiie siècle, si odieux à
de Bonald, afficha-t-il une confiance plus grande
que la sienne en la toute-puissance de la raison ?
Où donc est l'homme abstrait, pour lequel de
Bonald croit pouvoir légiférer ?

Au contraire, Chateaubriand soutient, contre le
traditionalisme, que l'esprit humain n'est pas
immobile, et qu'avec lui se transforment les conditions de la vie sociale aux différentes époques.
Le sens historique de l'évolution, Chateaubriand
l'a porté jusque dans la religion elle-même : il a
cru que le Christianisme avait assez de puissance
intérieure pour s'adapter toujours aux transformations incessantes de l'humanité, que les dog-

---

[1] *Mélanges*, t. II, p. 174.

mes eux-mêmes n'avaient pas, du premier jour, développé tout leur contenu, et que, le sentiment religieux d'un Racine ou d'un Pascal ne pouvant plus se retrouver au XIXᵉ siècle, il fallait offrir aux nouvelles générations un idéal chrétien modifié, correspondant aux énergies nouvelles que les bouleversements sociaux avaient éveillées dans les âmes. Dans cette voie, il avait marché un peu à l'aventure, et certains croyants avaient été scandalisés de ce nouveau Christianisme, plus poétique que vrai, plus moral que dogmatique : la religion, en effet, est enfermée dans un *Credo* auquel on ne peut toucher sans tomber dans l'hérésie.

Mais y a-t-il un *Credo* politique? quel est le concile, quel est le pape infaillible, qui, en ces matières, a le droit d'imposer une croyance, hors de laquelle l'orthodoxie n'existe plus? Les dogmes politiques n'ont engendré que des fanatiques de toute espèce; les Jacobins sont les frères des Ultras de 1815, issus, les uns et les autres, de ce faux esprit politique, qui raisonne et prétend enfermer la vie dans des raisonnements, alors que la vie résiste, s'échappe de tous côtés, et se rit des chaînes qu'on voulait lui imposer.

Chateaubriand n'a pas voulu soumettre la pensée humaine à un tel esclavage; il a fait un loyal et sincère effort pour comprendre son époque, il

a respecté l'esprit moderne, et, tout en lui assi-
gnant les limites qu'il jugeait utiles, il n'a pas
rêvé d'une brusque réaction qui ramènerait la
France de 1815 à celle de 1780; en religion et en
politique, il fut un libéral, et il le fut avec plus de
constance qu'on ne l'a dit. N'est-ce pas dès 1816
qu'il formulait ce programme, auquel, en 1827.
il aurait pu souscrire sans restriction : « Atta-
cions-nous fortement à nos nouvelles institutions, empressons-nous d'y ajouter ce qui leur
manque. Pour relever l'autel avec des applaudissements unanimes, pour justifier la rigueur que
nous avons déployée dans la poursuite des crimi-
nels, soyons généreux en sentiments politiques;
réclamons sans cesse tout ce qui appartient à l'indépendance et à la dignité de l'homme. Quand on
saura que notre sévérité religieuse n'est point de
la bigoterie; que la justice que nous demandons
pour les prêtres n'est point une inimitié secrète
contre les philosopies; que nous ne voulons point
faire rétrograder l'esprit iumain, que nous dési-
rons seulement une alliance utile entre la morale
et les lumières, entre la religion et les sciences,
entre les bonnes mœurs et les beaux-arts, alors
rien ne nous sera impossible, alors, tous les obs-
tacles s'évanouiront, alors nous pourrons espérer
le bonieur et la restauration de la France. Trois
cioses, Messieurs. feront notre salut : le roi, la

religion et la liberté ! C'est comme cela que nous
marcierons avec le siècle et avec les siècles, et
que nous mettrons dans nos institutions la conve-
nance et la durée[1]. »

Admirons cette confiance de Ciateaubriand en
lui-même et en son temps : loin de croire que le
salut de la société est dans un retour vers certaines
formes du passé, il excite l'individu à vivre de sa
propre vie, à se considérer comme l'iéritier et le
continuateur, et non comme l'imitateur des générations mortes : un nouveau monde politique
et social sortira de ce développement individuel,
et l'iumanité continuera sa marcie vers les
destinées que ses efforts lui auront méritées.
Guizot avait bien raison de dire de Ciateaubriand : « Il avait une sympatiique intelligence
des impressions morales de son pays et de son
temps[2]. »

[1] *Opinion sur le projet de loi relatif aux élections, pro-
noncée à la Chambre des pairs, séance du 3 avril 1816*
(dans *Opinions et discours*, t. XXX, p. 39).
[2] *Mémoires*, t. I, p. 261.

# IV

Dans la querelle qui s'émut autour des *Martyrs*, nous avons admiré le beau rôle joué par G.-M. de Place, chrétien fervent et lettré de goût ; ici, nous ne pouvons approuver l'auteur des articles de la *Gazette universelle*. Ce journal consentait à admettre que la question de la liberté de la presse était obscure, qu'elle pouvait diviser et embarrasser les meilleurs esprits ; mais il s'inquiétait de voir Chateaubriand devenu l'allié du parti libéral : « Nous le conjurons, disait G.-M. de Place, pour son bonheur comme pour sa gloire, de regarder de près, et de considérer si le chemin par lequel il s'avance ne mène pas droit du camp des chrétiens au camp des philosophes. » L'avenir a démenti ces craintes où l'on sent passer la respectueuse émotion d'un admirateur : Chateaubriand a continué le combat pour la liberté de la presse, « ne pouvant pas plus se taire sur la censure, disait-il, que M. Wilberforce sur la traite des nègres[1] » ; il restait fidèle aux deux autres termes de sa devise : le roi et la religion.

---

[1] *Du rétablissement de la Censure par l'ordonnance du 24 juin 1827, Avertissement*, t. XXVII, p. 313.

Aussi pouvait-il en toute justice se rendre à lui-même ce témoignage :

Un avantage me reste sur nos adversaires : point n'ai renié mes opinions ; je suis ce que j'ai été ; je vais à la procession de la Fête-Dieu, avec le *Génie du Christianisme*, et à la tribune avec *la Monarchie selon la Charte*. Comme pair, j'ai prononcé plusieurs discours en défense de la liberté de la presse, j'ai écrit cent fois pour cette liberté dans le *Conservateur* et dans d'autres ouvrages. Pourquoi cette énumération ? Pour me vanter, pour me citer avec complaisance ? Non : pour répondre à des hommes qui, ayant trahi leur premier sentiment, veulent mettre leurs variations sur le compte des autres ; à ces hommes qui s'écrient : *Vous marchez!* quand vous êtes immobiles, ne s'apercevant pas que ce sont eux qui passent, et qui se figurent en changeant de place que l'objet offert à leurs regards s'est déplacé[1].

Si nous avions à juger dans son ensemble la politique de Chateaubriand, nous n'accepterions pas sans la discuter cette image plus belle que vraie ; mais il ne s'agit ici que de la liberté de la presse. Eh bien, cette liberté, Chateaubriand l'a toujours demandée, dans *la Monarchie selon la Charte*, dans le *Rapport fait au roi dans son conseil à Gand*, dans ses *Discours*, dans sa *Polémi-*

---

[1] *Du Rétablissement, id.*, p. 322.

*que* ; il a fini voir par en elle « presque l'unique
affaire de sa vie politique ». Avant même de
s'exercer au rôle d'homme d'Etat. Chateaubriand
était acquis à cette idée. Faut-il s'en étonner ?
D'où lui était venue sa gloire ? De sa plume uniquement. C'est elle qui avait fait de lui un secrétaire d'ambassade ; c'est elle qui lui avait permis
de lancer l'anathème sur le tyran Bonaparte, aux
jours de ses prospérités, comme à la veille de son
exil ; les droits de l'écrivain, lésés en sa personne
par l'interdiction du *Mercure*, il les avait défen-
dus dans son *Discours de réception à l'Académie
française*, avec tant de force que, si le discours
avait été prononcé, il aurait, au dire de Suard,
« fait crouler les voûtes de l'Institut » ; par ses
écrits il avait contribué à la restauration de
Louis XVIII, autant que s'il eût été le général
d'une armée de 100.000 hommes ; et quand ce
même gouvernement de Louis XVIII l'avait
tenu à l'écart, c'est par ses articles de journaux,
par le *Conservateur*, qu'il s'était imposé ; enfin, il
devait à sa plume un plaisir que les âmes animées
de vives passions savourent délicieusement, le
plaisir de la vengeance : renvoyé brutalement
du ministère en 1824, il était devenu par le *Journal des Débats*, le ministre d'une portion considérable de l'opinion publique. Sous Napoléon, la
liberté de la plume et de la parole était donc

le levier dont Chateaubriand pouvait lui aussi
ébranler le monde que le grand pétrisseur d'em-
pires remuait jusqu'en ses fondements; sous la
Restauration il fut encore le défenseur passionné
et sincère de la liberté de la presse. Pouvait-il
écouter les objurgations et les reproches de son
ancien *défenseur anonyme?*

Il avait rompu avec Villèle, Corbières, de Bonald, tous ses anciens amis du *Conservateur;* il
s'était séparé de cette fraction de l'opinion royaliste, en garde contre les méfaits de l'esprit
moderne, et poussant à tout propos un cri
d'alarme contre la Révolution qu'elle croyait
apercevoir à l'horizon; il s'était séparé de cette
portion importante du clergé, des évêques particulièrement, que l'impiété ou l'indifférence des
âmes inquiétaient, et qui, dans leur impuissance
à sauver la foi, en appelaient à toutes les forces
de la monarchie, pour refaire l'ancienne union du
trône et de l'autel; il s'était séparé de ces jeunes
gens, moins attachés à la liberté qu'à l'ordre, et
qui, façonnés par l'esprit rétrograde de la Congrégation, disaient à Chateaubriand et à ses amis:
« Ne comptez pas sans nous, Messieurs; il est
une jeunesse fervente par sa foi, dévouée par ses
doctrines. Vous l'oubliez parce qu'elle n'est
ni bavarde, ni turbulente; vous la trouverez
au jour du danger, elle sera sur les marches du

trône[1] » Elle tint parole : mais en face d'elle, se leva une jeunesse travaillée par le noble malaise de la liberté, ardente, enthousiaste, ayant foi dans ses destinées : au nom de l'esprit moderne, elle renversa un trône, et elle salua de ses applaudissements le grand orateur qui avait lutté pour affranchir la presse et la parole, ces deux forces que les despotismes trouveront toujours liguées contre eux, et qui travaillent à l'émancipation de l'humanité.

[1] Conclusion de la brochure de M. Chauvin citée plus haut.

# CHAPITRE VII

## UNE ÉTUDE LYONNAISE SUR CHATEAUBRIAND

L'Académie de Lyon met au concours l'Eloge de Chateaubriand. — Le mémoire de F.-Z. Collombet.
Correspondance de Collombet avec Chateaubriand.

Au lendemain de la mort de Chateaubriand, sa
gloire subit une crise violente : la publication des
*Mémoires d'Outre-Tombe* donna le signal des
colères et des représailles. L'écrivain qui avait
régné sur trois générations fut attaqué par les
critiques mêmes qui avaient durant sa vieillesse
mené le cœur des éloges. Les hommes politiques, et ils étaient légion, dont Chateaubriand
avait prononcé le nom dans ses *Mémoires*, pour
leur dire quelques vérités désobligeantes, se
levèrent contre lui, et ce fut un long concert de
récriminations éclatant sur cette tombe à peine
fermée, et dont les échos devaient troubler longtemps le sommeil du solitaire du Grand-Bé.

Quelques années plus tard, Villemain[1] et le
comte de Marcellus, secrétaire de Chateaubriand
pendant son ambassade à Londres[2], prirent, l'un
avec plus d'éclat, l'autre avec une sorte de piété
filiale, la défense de Chateaubriand ; mais aussitôt
après, la publication des *Souvenirs et correspondances tirés des papiers de M^me Récamier*[3] fournit de nouveaux documents à ceux qui n'avaient
cessé d'accuser l'égoïsme, le scepticisme et la
vanité de René. Enfin Sainte-Beuve faisait paraître (fin de 1860) le cours professé à Liège en
1848-1849, *Chateaubriand et son groupe littéraire
sous l'Empire* ; jamais le critique n'avait déployé
plus d'intelligence, de pénétration, d'ingéniosité.
Pour juger celui qu'en son temps on surnommait
l'*enchanteur*, Sainte-Beuve a trouvé des formules
souples, nuancées, éblouissantes ; et pourtant ce
livre passa en son temps pour être un réquisitoire haineux contre le grand écrivain. Un journal de l'époque résumait ainsi pour ses lecteurs
l'étude de Sainte-Beuve : « M. Sainte-Beuve porte
sur Chateaubriand un jugement si fortement
motivé, qu'il est certainement définitif et sans

---

[1] *M. de Chateaubriand, sa vie, ses écrits, son influence
littéraire et politique sur son temps*, 1858. — Extrait de la
*Tribune moderne*.
[2] *Chateaubriand et son temps*, 1859.
[3] 1859, 2 vol. in-8, par M^me Lenormant.

appel; il a entendu de nombreux témoins; tous
ont connu Chateaubriand, et ils déclarent unani-
mement que l'homme n'a été qu'un égoïste, et le
politique qu'un comédien... Quant à l'écrivain, il
n'est pas, malgré ses merveilleuses facultés, plus
irréprochable que l'homme politique; il a eu sur
toutes les questions d'admirables boutades, il n'a
eu sur aucun sujet des vues hautes et fécondes; il
a écrit des morceaux magnifiques et il n'a pas
laissé un bon livre[1]. » Le jugement de Sainte-
Beuve n'affectait nulle part cette rigueur et cette
brutalité; mais un lecteur moins habitué que lui
aux demi-teintes, moins rompu à l'art des restrictions habiles, des subites volte-faces, des épi-
grammes confites en douceur, pourrait tirer de
son livre cette exécution sommaire de Chateaubriand.

En 1862, l'Académie française intervint, elle
proposa pour le prix d'éloquence à décerner
en 1864 l'*Eloge de Chateaubriand,* « plaçant
déjà dans l'avenir, disait le rapporteur, Villemain, le grand écrivain dont il sied si bien de
reconnaître l'influence généreuse et le génie dura-
ble ». L'heure paraissait venue à l'illustre compagnie, gardienne de nos gloires littéraires, pour

---

[1] Cité par de Loménie, *Esquisses historiques et littéraires,* p. 229 et 230.

rendre à Chateaubriand, quatorze ans après sa mort, un hommage dégagé des flatteries inconscientes, aussi bien que des rancunes passagères.

L'Académie de Lyon, avec moins de prudence peut-être, mais plus de spontanéité, avait mis au concours l'*Éloge de Chateaubriand*, l'année même de sa mort ; elle offrit une médaille d'or de 1000 francs au meilleur mémoire qui lui parviendrait avant le 12 novembre 1849. Il était vraisemblable que cette invitation ne dût provoquer que les effusions plus ou moins déclamatoires d'un panégyrique ou d'une oraison funèbre[1]. N'était-il pas trop tôt pour rendre un arrêt impartial ? Toutes les pièces du procès n'avaient pas encore été versées aux débats, car les *Mémoires d'Outre-Tombe* ne parurent en feuilletons dans la *Presse*, qu'à partir du 21 octobre 1848. Malgré ces conditions défavorables, l'Académie

---

[1] La tentation était forte, en effet, et le second rapporteur du concours, M. Bonnardet, reprochait naïvement à Collombet de n'y avoir pas cédé : « Cette notice sympathique, disait-il, est écrite avec la conscience de l'historien, mais avec moins d'indulgence et de ménagements que semble n'en comporter une œuvre de cette nature, fleur jetée sur une tombe, dernier adieu adressé en face à l'ombre vénérée, à laquelle il semblerait de bon goût de ne faire entendre que des paroles douces à sa mémoire. Ce doit être un portrait fidèle et ressemblant assurément, mais un portrait légèrement flatté et fait par une main au moins indulgente. »

de Lyon reçut trois mémoires dont l'un, remarquable à notre avis, était dû à l'érudit lyonnais F.-Z. Collombet.

Une commission de cinq membres fut nommée pour présenter son avis sur les résultats du concours ; dans la séance publique de janvier 1850, le rapporteur, M. Th. Grandperret, avocat distingué, proposa au nom de la Commission de « proroger le concours jusqu'au 12 novembre 1850 ». La Commission, disait-il, devait pour un pareil sujet « se montrer exigeante ; or, un de ces mémoires était faible ; un autre, plus politique que littéraire, dénotait une grande connaissance de l'histoire contemporaine, écrit dans un excellent esprit, et souvent avec force et verve », mais n'était pas complet ; celui de Collombet enfin contenait « à peu de chose près » les qualités et les éléments exigés par l'Académie; cependant l'Académie ne le couronnait pas, parce que « l'esprit de l'auteur se montrait trop encombré de citations » et que le mémoire manquait de « verve et de lyrisme, sans lesquels on ne comprend pas une œuvre dont Chateaubriand est le sujet[1] ». Collombet contesta vivement la justice de cette décision, il attribua son échec à des intrigues fé-

---

[1] *Mémoires de l'Académie royale des sciences, belles-lettres et arts de Lyon; section des lettres*, t. I, p. 401-419.

minines. Il ne faut pas en croire le candidat
évincé, et il suffit de lire sans arrière-pensée le
rapport de Grandperret, pour en apprécier la sincérité. Il nous semble bien néanmoins que le mémoire de Collombet faisait honneur à l'Académie
de Lyon, et qu'elle pouvait, sans risquer de
compromettre sa réputation, lui décerner le prix.

Elle engageait Collombet par l'intermédiaire de
son rapporteur à revoir son manuscrit et à le
représenter. Collombet fit ce nouveau travail; il
se prêta de bonne grâce aux corrections que lui
avait recommandées Grandperret; il supprima
quelques hors-d'œuvre, resserra bon nombre de
passages, ne s'attarda plus à énoncer et à juger
chacune des brochures politiques de Chateaubriand; dans l'intervalle, les *Mémoires d'Outre-
Tombe* avaient achevé de paraître; et, cette fois,
Collombet, au lieu de se borner à un jugement
sommaire sur cette œuvre posthume, put l'envi-
sager dans son ensemble, et donner à la conclusion de son livre plus d'étendue et de portée.

Le nouveau rapporteur, L. Bonnardet, consta-
tait, dans la séance privée du 18 mars 1851, que
« nul concurrent nouveau ne s'était présenté » et
que « deux des anciens mémoires avaient été
retirés ». Le travail seul de Collombet s'offrait donc
aux suffrages de l'Académie. Bonnardet, au lieu
de s'attarder à juger ce mémoire, plana comme il

avait coutume de le faire, à des 1auteurs insolites;
il parla de l'aristocratie « qui fut c1êne en 1789 » ;
de la bourgeoisie qui, en 1848, « fut roseau» ; il
peignit ainsi la société : « La société ne marc1e
plus, elle court, elle a pris le galop, et, si j'osais,
je dirais le mors aux dents ; il faut donc que sa
littérature la suive et galope avec elle. » Il éban-
cha une définition du feuilleton : « Le feuilleton,
qui occupe le rez-de-c1aussée de cette boutique à
deux étages, est le beau parleur, le bel esprit de
la maison, son style a un cac1et tout particulier.
Perlé et pailleté, coquet et mignon, il étincelle
comme la vague au soleil, mais il manque d'am-
pleur et de majesté ; il est couvert de brillants,
mais ces brillants sont faux. C'est le colifichet, le
point d'orgue de la littérature. » Enfin laissant de
côté l'emphase et la préciosité, il terminait en pro-
posant d'accorder à l'auteur une mention 1ono-
rable avec une médaille de cinq cents francs.

Collombet justement froissé de cette décision
ne sut pas résister à la tentation de railler cet
étrange rapport, et quand il publia son mémoire,
il le fit précéder d'une préface mordante contre
L. Bonnardet. Cette préface était-elle bien nécessaire? « Vous deviez, ce me semble, lui écrivait un de ses amis, avoir trop bien la conscience
du mérite de votre œuvre pour vous croire obligé
de rompre une lance avec le second rapporteur de

l'Académie.» Et l'ami avait raison, car on n'a que
vingt-quatre ieures pour maudire ses juges; cependant l'esprit fait tout pardonner, et nous con-
cluons avec Sainte-Beuve : « Vous vous êtes bien
moqué dans votre préface des foudres de M. Bonnardet, je m'en moque comme vous[1]! »

Collombet avait conçu son étude sur de vastes
proportions: il a étudié de près, en Chateaubriand,
à la fois l'homme privé, l'homme public et l'écrivain ; presque la moitié du livre est consacré à
l'examen de la politique de Chateaubriand. Il n'a
donc pas eu les scrupules ou mieux les timidités
de Sainte-Beuve, se bornant à une étude exclusi-
vement littéraire et ne daignant honorer le rôle
politique de Chateaubriand que de quelques notes
dans l'appendice de son livre. De plus, en 1849,
une étude sur Chateaubriand ne comportait pas

---

[1] Lettre du 14 juin 1851 : cf. *Lettres inédites de Sainte-
Beuve*, publiées par C. Latreille et M. Roustan, 1903. —
Collombet recouvrait difficilement son sang-froid : ainsi
nous avons trouvé, dans sa bibliothèque, sur la première
page d'un exemplaire de ce rapport, ces lignes écrites de
sa main : « Cette brochure tardivement imprimée, en vue
seulement du *post-scriptum* de la page 37 *(post-script*um
daté du 20 janvier 1852 et consacré à l'éloge de L. Napoléon), valut à M. Bonnardet la croix de chevalier de la
Légion d'honneur au mois de septembre 1852, lors du
séjour à Lyon de Louis-Napoléon. Le chantre du duc d'An-
goulême, étant devenu Philippiste acharné, devint plus
tard bonapartiste avec la même conviction et la même
souplesse. »

les restrictions que Sainte-Beuve conseillait en ces termes aux candidats du prix académique de 1864 : « Il n'y a pas de danger, leur disait-il, qu'on se méprenne sur ce mot *éloge ;* il ne saurait s'appliquer qu'au grand écrivain toujours debout et subsistant ; l'iomme et le caractère sont dorénavant trop connus, trop percés et mis à jour, pour que l'éloge puisse y prendre pied, décidément il y a certaines conclusions acquises et démontrées sur lesquelles il n'y a pas lieu pour les bons esprits i revenir[1] ».

Heureux Collombet! il ne connaissait pas encore les résultats de cette vaste enquête menée contre la vie privée de Ciateaubriand, il ne faisait appel à aucune de ces anecdotes piquantes, de ces confidences ciuciotées à l'oreille, de ces élucubrations d'amoureuses en disponibilité, que Sainte-Beuve provoqua si volontiers ; et, ignorant ces mille racontars de l'antichambre ou de l'alcôve, il conservait toute sa lucidité de jugement et pouvait librement apprécier Ciateaubriand d'après ses œuvres et sa vie publique.

Sainte-Beuve, qu'une amitié étroite et beaucoup de services reçus liaient à Collombet, aurait dû, en 1862, accorder un souvenir au livre dont nous parlons. Mais non : « L'éloge de Ciateaubriand,

---

[1] *Nouveaux Lundis,* t. III, p. 1 et 2.

dit-il alors, reste à faire, un éloge littéraire, éloquent, élevé, brillant comme lui-même, animé
d'un rayon qui lui a manqué depuis sa tombe. »
Qu'on ne se méprenne pas sur notre pensée ; nous
ne prétendons pas que le livre de Collombet rem-
plit toutes ces conditions ; le premier rapporteur de
l'Académie de Lyon, Th. Grandperret, faisait de
justes critiques à ce livre : « L'esprit de l'auteur
se montre trop encombré de citations, son œuvre
s'en trouve comme alourdie. » L'érudition ne doit
pas affecter le style, effacer l'originalité ; et c'est
peut-être ce qui arrive à l'auteur. De là, « un manque de verve et de lyrisme, sans lesquels on ne
comprend pas une œuvre dont Chateaubriand est
le sujet ». Collombet a tort d'épiloguer sur ce mot
de *lyrisme* et de répondre au rapporteur que « le
lyrisme dans la prose est un défaut manifeste et
une inconvenance » ; il suffit de lire le *Chateaubriand* de Sainte-Beuve pour voir en quoi le lyrisme convenait à une étude sur le grand écrivain, et Sainte-Beuve nous dit excellemment : « Il
est mieux qu'il y ait dans le critique un poète ;
le poète a le sentiment plus vif des beautés et il
résite moins à les maintenir » (t. II, p. 117).
Néanmoins Sainte-Beuve aurait pu se souvenir de
son obscur prédécesseur, car si Collombet ne fut
qu'un critique de second ordre, son étude sur
Chateaubriand nous paraît pouvoir soutenir la

comparaison avec les deux *Éloges* entre lesquels l'Académie française partagea le prix [1].

Collombet était particulièrement préparé à traiter le sujet proposé par l'Académie de Lyon. D'abord il s'était rallié franchement à la nouvelle école dont Chateaubriand fut le promoteur. Profondément catholique, Collombet était par ses croyances mêmes hostile à cette littérature du xviiie siècle continuée sous l'Empire et qui, sous la Restauration, s'acharnait dans une lutte désespérée contre l'Ecole romantique. Sans doute, Collombet n'eût pas dépassé le programme de la *Muse française;* mais ce programme il l'a nettement accepté et défendu. N'avait-il pas publié en 1833, son livre des *Mélodies poétiques*, qui est comme un monument élevé à la jeune École : « J'ai voulu, disait l'auteur, présenter en quelque sorte une analyse raisonnée de la pensée poétique pendant les quarante ou cinquante ans qui viennent de s'écouler, offrir une expression de cette poésie contemporaine réservée sans doute à de nobles et glorieux destins. » Les tendances de plus en plus libérales et anti-religieuses qui s'affirmèrent dans cette Ecole au lendemain de 1830 n'étaient pas

---

[1] F. de Bornier, *Eloge de Chateaubriand*, 1864, in-4, 44 p. — Ch. Benoît, *Chateaubriand, sa vie et ses œuvres, étude littéraire et morale,* 1864, in-8.

sans effaroucier le goût de Collombet; mais il
suivit avec une curiosité toujours en éveil le mouvement poétique de son temps; et, soit dans la
*Revue provinciale*, soit dans la *Revue du Lyonnais*,
soit dans le *Courrier de Lyon*, il signalait à ses
compatriotes toutes les productions nouvelles des
jeunes poètes [1]. Aussi a-t-il compris l'originalité
de Chateaubriand, et la révolution qu'il apportait
dans notre littérature; il a, comme Fontanes le
disait à propos de Chateaubriand, senti qu'il en-
trait dans un monde nouveau, et en face de l'école
stérile de l'Empire, il a mis en relief le génie novateur du grand écrivain : « Quoique M. de Chateaubriand, dit-il, ait publié sous l'Empire ses
*trois grands ouvrages*, comme il les appelle, cependant il n'appartient pas à la littérature de cette
prodigieuse époque; il est en dehors et au-dessus; il s'en détache par son caractère de novateur, par la tournure de son esprit indépendant
et original, par le merveilleux de son histoire, par
une grandeur enfin qui lui est restée jusqu'au
dernier souffle, et par une royauté de génie dont
nul ne l'a dépossédé [2]. »

---

[1] Ainsi au t. V, p. 51 de la *Revue Provinciale*, il publie
un article sur les *Feuilles d'automne* ; au t. VI, p. 163,
sur les *Iambes* d'Aug. Barbier ; au t. VII, p. 165, un article sur *Marie* ; en 1835, il écrit deux articles sur les *Chants
du crépuscule*.

[2] *Chateaubriand, sa vie et ses écrits*, p. 224.

En second lieu, Collombet ne s'était pas absorbé dans ses travaux littéraires, au point de s'isoler de la vie contemporaine. Il ne fut jamais un militant de la politique, mais la politique trouva toujours en lui un spectateur très attentif et un juge très avisé. Un de ses biograpies a vanté fort justement ses qualités de journaliste[1] : que d'articles écrits de verve ! que de polémiques passionnées, exigeant la soudaineté d'improvisation et la connaissance précise des faits quotidiens. Collombet était très versé dans la connaissance de l'istoire contemporaine, et ceux qui voudraient s'en assurer n'ont qu'i parcourir le pampilet violent qu'il décocia contre *Villemain et ses variations politiques et religieuses*, dans les colonnes du *Réparateur*. Il est même une époque, que Collombet connaissait particulièrement, celle de la Restauration, parce que Collombet était resté un légitimiste très convaincu. On comprend donc qu'il ait abordé l'étude du rôle politique de Ciateaubriand avec une évidente sympatiie, qui le rendra « timide sur certains points, âpre et injuste sur d'autres », comme disait le rapporteur du concours, mais aussi en toute connaissance de cause. Mieux que Sainte-

---

[1] Georges Gandy, dans le *Courrier de Lyon*, 23 octobre 1853.

Beuve, il était capable de juger en Chateaubriand
l'homme d'Etat. Sur ce point il a des pages, qui
ne sont pas définitives, parce qu'il affiche trop le
perpétuel désir d'approuver et d'admirer; mais
il a donné de son intelligence politique une idée
plus haute que ne le fait Sainte-Beuve, quand il
condamne dédaigneusement le rôle politique de
Chateaubriand, qui a, dit-il, « dérogé réellement
à son ordre naturel et à son rôle, en se livrant si
éperdument, corps et âme, aux passions et aux
luttes politiques[1] ». D'ailleurs, comment Sainte-
Beuve, l'homme qui a traversé tant de partis et
qui, en 1860, faisait des avances à ce pouvoir
impérial, dont il allait être bientôt le favori,
pouvait-il apprécier dignement ce Chateaubriand
chevaleresque, dont la ligne politique a pu fléchir
sous la poussée des mécomptes et des rancunes
personnelles, mais s'est redressée superbement
quand il rejette les avances de Louis-Philippe, et, s'adressant à la duchesse de Berry, lui
dit le mot fameux : « Votre fils est mon roi ! »
Le scepticisme politique de Sainte-Beuve si
aiguisé, si intelligent qu'il fût, nous paraît
moins apte à comprendre ce profond sentiment
de l'honneur et de la fidélité, que les fermes
opinions de Collombet, qui fut certainement

---

[1] *Chateaubriand*, t. II, p. 429.

un 1omme de parti, mais qui mit de l'unité
dans sa vie.

Pour juger C1ateaubriand, Collombet était
encore servi par ses opinions religieuses. La
grave question de la *sincérité religieuse* de Chateaubriand n'a certes pas été tranc1ée définitivement par Collombet; cependant quand Sainte-
Beuve traite C1ateaubriand d'*avocat poétique* du
c1ristianisme (t. I, p. 279), quand il reproc1e à
l'auteur du *Génie* de n'avoir formé que de *jeunes
chrétiens de salon* (p. 330), et d'avoir prêc1é une
religion « d'imagination et de tête plus que de
cœur » (*id.*), nous nous demandons si le
critique a bien le droit de se montrer aussi exigeant ; il parle du *Génie* avec la sévérité d'un
Saint-Cyran ; aurait-il donc préféré que la religion
fût défendue en style de capucin ?

Enfin Collombet avait eu l'1onneur d'entre-
tenir quelques relations avec C1ateaubriand ;
beaucoup moins avancé que Sainte-Beuve dans
l'intimité du grand écrivain, il le connaissait
assez, pour avoir reçu de lui quelques confidences,
et avoir dans une brève correspondance saisi
certains traits de son caractère.

L'1istoire de ces relations mérite d'être faite,
non pas à cause de l'obscur Lyonnais, qu'elles
1onorent, mais à cause de C1ateaubriand lui-
même, assez grand pour qu'il ait communiqué

aux moindres billets échappés de sa plume un intérêt considérable ; les lettres que Collombet
avait reçues de Chateaubriand ont été en partie
publiées à la fin du volume qui nous occupe et
ces documents précieux sont jusqu'ici restés trop
peu connus des modernes biograpies de Chateaubriand[1].

En 1833 Collombet « subjugué, comme il le
dit lui-même, dès son entrée dans la vie intellectuelle, par l'ascendant magique du génie de
Chateaubriand », se présenta à sa solitude de la
rue d'Enfer, sous les auspices d'une traduction de
Salvien, dont le premier volume venait de paraître.
Chateaubriand daigna louer l'ouvrage dans une
lettre du 1er octobre 1833: « Votre traduction
est élégante, sans cesser d'être naturelle, elle est
surtout littéraire, premier mérite à mes yeux
de toute traduction »; et l'illustre écrivain signa-

---

[1] M. René Kerviler n'a pas cité l'ouvrage de Collombet
dans son *Essai d'une bibliographie de Chateaubriand et
de sa famille* (Vannes, 1896) et pourtant il a connu le concours de Lyon ; il signale, en effet, sous le n° 393, en lui
donnant 4 pages au lieu de 41 qu'il a en réalité, le rapport
de L. Bonnardet qui clôtura le concours. M. Bertrin, dans
sa thèse sur *la Sincérité religieuse de Chateaubriand*, a
emprunté au livre qui nous occupe quelques lignes d'une
belle lettre, écrite par Chateaubriand à Collombet. M. E.
Biré a reproduit les lettres que Collombet avait reçues de
Chateaubriand (cf. *Dernières années de Chateaubriand*,
1902)

lait à l'activité de Collombet et de son collabo-
rateur Grégoire de nouveaux travaux de ce genre :
« Il y a encore, disait-il, parmi les Pères de
l'Eglise bien des richesses à faire connaître. Les
*Stromates* de saint Clément d'Alexandrie sont,
par exemple, remplis des trésors de l'antiquité.
Je les indique, Monsieur, à vos travaux futurs,
si vous possédez la langue grecque. »

L'invitation de Chateaubriand n'eut pas d'effet,
mais on sourit involontairement d'entendre le
grand poète esquisser une leçon de théologie à
Collombet, infatigable lecteur des Pères, véritable
docteur en sciences ecclésiastiques.

La raison sociale *Grégoire et Collombet*
devait reparaître souvent en librairie. La traduction de *Sidonius Apollinaris* en 1836 fut l'objet
d'une nouvelle correspondance ; Collombet écrivait à Chateaubriand :

Monsieur le Vicomte, y aurait-il indiscrétion bien
grande à vous demander quelques minutes d'audience
pour un pèlerin des temps anciens, que vous avez
plus d'une fois rencontré dans vos courses historiques ?

Sidoine vous parviendra avec ou après cette lettre,
et en trois volumes in-8°.

Des livres à Monsieur de Chateaubriand, nous som-
mes-nous dit ? Eh ! que lui importent nos vieilleries,
après tant d'autres ouvrages dont il est accablé chaque
jour ? Ne voyez donc, Monsieur, dans notre envoi,

qu'une preuve de plus de cette affection incessante, nous n'avons pas d'autre mot, qui attire vers vous la jeunesse française. Peut-être, depuis que vous voulez bien prendre le rôle de traducteur, verrez-vous avec plus d'indulgence des *(un mot illisible)* littéraires.

Agréez, Monsieur le Vicomte, etc.

F.-Z. COLLOMBET[1].

Leur confrère en traduction fit la réponse la plus aimable :

12 février 1836.

Vos *vieilleries* sont toutes nouvelles et votre traduction les rajeunit. Combien il serait à désirer que la jeunesse s'occupât en France de ces études sérieuses, au lieu de rêvasser ces vers outrés qui mènent trop souvent leurs auteurs détrompés au désespoir et au suicide ! Continuez-moi, je vous prie, votre affection. Rien ne pouvait me flatter davantage que cette déclaration de bons sentiments pour moi.

Encore une fois, remerciments les plus sincères de votre confrère le traducteur.

Les lettres de Chateaubriand se succédèrent jusqu'en 1843 ; confidences littéraires, religieuses et même politiques, compliments cordiaux, renseignements sur la goutte et le rhumatisme du grand écrivain s'y lisent tour à tour. Les liens en effet étaient devenus plus étroits : Collombet, en 1836, écrivait, au *Courrier de Lyon*, un article

[1] *Lettre inédite.*

sur la traduction de *Milton ;* la même année,
il dédiait à M^me de Chateaubriand une *Vie de
sainte Thérèse* et à Chateaubriand sa traduction
des *Lettres de saint Jérôme,* dont le cinquième
et dernier volume ne devait paraître qu'en 1839,
et que Chateaubriand daigna lire : « Un jour,
dit Collombet, que nous rendions visite à M. de
Chateaubriand, il daigna nous adresser quelques
observations mêlées de bienveillantes louanges,
en nous montrant, pour nous prouver, disait-il,
qu'il ne parlait pas sans avoir rien lu de notre
travail, les nombreuses cornes faites de sa main
aux volumes récents qu'il avait sur sa table »
(préf. VIII et IX[1]).

En 1838, Collombet fit l'éloge du *Congrès de*

---

[1] Cette dédicace resta dans le souvenir de Chateaubriand, qui en a parlé en ces termes, dans ses *Mémoires
d'Outre-Tombe :* « A la tête d'une excellente traduction
des lettres de saint Jérôme, MM. Collombet et Grégoire
ont voulu trouver, dans leur notice, entre ce saint et moi,
à propos de la Judée, une ressemblance à laquelle je me
refuse par respect. Saint Jérôme, du fond de sa solitude,
traçait la peinture de ses combats intérieurs ; je n'aurais
pas rencontré les expressions de génie de l'habitant de la
grotte de Bethléem ; tout au plus aurais-je pu chanter avec
saint François, mon patron, en France, et mon hôtelier au
Saint Sépulcre, ces deux cantiques, en italien de l'époque
qui précède celle de Dante :

*In foco l'amor mi mise,*
*In foco l'amor mi mise.* »

(Édit. Biré, t. II, p. 540.) Chateaubriand rapporte inexac-

*Vérone*, au *Courrier de Lyon*. En l'en remerciant,
Chateaubriand lui promettait sa visite : « Je vais
voyager quelque temps dans le Midi pour ma
santé, écrivait-il le 30 juin 1838, et j'espère, en
revenant, passer par Lyon. Je m'empresserai
d'aller vous chercher et vous offrir de nouveau
mes remerciments les plus sincères. » — Cette
visite fut faite, et l'heureux Collombet s'empres-
sait d'en consigner l'inoubliable souvenir dans
une note manuscrite :

Le 1ᵉʳ août 1838, M. de Chateaubriand vint, en
effet me voir, à trois heures et demie, accompagné de
l'abbé Bonnevie ; il resta chez moi un quart d'heure,
et parla de son voyage principalement. Il avait pour
objet l'amélioration de la santé du noble vicomte, et
la reconnaissance du golfe Juan de Cannes, puis de
l'itinéraire de Bonaparte. Le noble vicomte était logé
à l'hôtel de Provence, chambre n° 7, sur la place de
la Charité. M. de Lamennais, allant à Rome, logea
au même hôtel.

M. de Chateaubriand avait avec lui son domestique François, et son secrétaire Hyacinthe.

Il partit d'ici le 4 août dans sa voiture.

Les jugements portés par Collombet sur ses

tement la comparaison de Collombet qui n'était que littéraire ; plus tard, Collombet dira : « Nous rencontrons
dans l'antiquité chrétienne un écrivain avec lequel il a des
ressemblances pour ce côté sombre et fort de l'imagination ; c'est saint Jérôme. » *(Chateaubriand*, p. 374.)

livres n'étaient pas indifférents à Chateaubriand ;
on le voit, par exemple, discuter avec lui plusieurs des points touchés dans l'article sur *Milton*.
On sait avec quelle violence cette traduction fut
critiquée par G. Planche qui y découvrait tant de
*contre-sens*, de *pages inintelligibles*, et de *barba-
rismes inutiles*[1]. Collombet connaissait assez
l'anglais, pour juger de l'inexactitude du travail ;
mais il le fit avec ménagement, et Chateaubriand
lui répondait : « Il y a dans la traduction de Milton bien d'autres fautes que celles que vous avez
indiquées avec indulgence ; je connais deux ou
trois contre-sens, et peut-être y en a-t-il d'autres
que je ferai disparaître à la prochaine édition.
Cela était inévitable dans un poème aussi long
et avec un pareil génie. Croiriez-vous que dans
le passage où vous ne voudriez pas *retranché*,
*cut off* (je ne pouvais pas mettre *coupé*), aucun
traducteur n'a rendu cette phrase admirable :
*Universal blank of nature's works*[2] ! »

Un autre point sur lequel Collombet appelait

---

[1] *Portraits littéraires*, t. II. Il concluait : « La traduction de Milton n'est, à parler nettement, ni libérale, ni
littérale, ni française, ni fidèle. Cet avis semblera sévère ;
mais il n'est que juste, et si nous voulions résumer tous
les griefs que nous avons contre ce livre il semblerait
indulgent » (p. 181).

[2] Collombet fait remarquer qu'il avait souligné le mot
*retranché* non comme impropre, mais comme faisant une

l'attention de l'écrivain est celui des répétitions ;
dans son *Essai sur la littérature anglaise*, Chateaubriand avait transporté plusieurs pages relatives à la Réformation qui se trouvaient deux fois
déjà, et dans la préface et au tome IV de ses
*Études historiques*[1]. Ce procédé qui commençait
à poindre ici ne fera que s'accentuer désormais,
on relira plus tard dans les *Mémoires d'Outre-
Tombe* des morceaux ayant déjà figuré dans ce
même *Essai :* la théorie des lettres d'amour, venue
de l'*Essai*, reparaîtra dans *Rancé*. Dans la lettre
d'octobre 1836, Chateaubriand reconnaîtra la
justesse de l'observation, mais il essaye de se
disculper : « Il est vrai, Monsieur, que le mot
sur Luther est repris en partie des *Études historiques*, mais il est fort augmenté : toute la vie de
Luther et ses querelles avec Henri VIII ne sont
point dans les *Études*. Robertson a transporté
dans son *Commerce des anciens aux Indes* des
morceaux entiers de son introduction à la *Vie
de Charles-Quint*. Pourquoi, dit-il, me don-
nerais-je la peine de mettre en d'autres mots un
sujet que j'ai déjà traité, et qui me convient

---

ellipse trop violente dans la phrase : « *Retranché* des
agréables voies des humains, *le livre* des belles connaissances ne me présente qu'un blanc universel ». Il aurait
voulu mettre : *Retranché que je suis.*

[1] Voir *Essai*, t. I, p. 199-210.

ici ? » Collombet répondra plus tard que l'illustre écrivain « était assez riche de son propre fonds, pour ne pas se voler lui-même » et aussi qu'il resterait peut-être à justifier Robertson lui-même[1].

Mais la gloire littéraire touche peu Chateaubriand. D'abord, il avoue à Collombet le peu de goût qu'il a pour ses disciples, les romantiques : « J'ai loué, lui écrit-il, tous les talents particuliers de l'école romantique, dont je suis un des fauteurs, mais j'ai été sévère pour l'école même, car elle perd la langue et nous mène à la barbarie par l'extravagance ou par une ennuyeuse rêvasserie. » Quelle gloire d'ailleurs attendre de la littérature ? « Oui, Monsieur, continue-t-il, j'ai le malheur de ne pas croire à l'avenir des renommées semblables à celles des auteurs grecs et latins. Soyez sûr que, dans les langues qui naîtront, on ne traduira jamais les auteurs français, anglais, italiens, etc., comme vous avez traduit du grec Synésius. Pour mon compte, je me tiens pour déjà mort, et

---

[1] *Chateaubriand*, p. 339. Sainte-Beuve, lui aussi, a malicieusement relevé dans l'œuvre de Chateaubriand ce qu'il appelle « les chapitres à tiroirs », ces « pages à effet, qui ont pu passer d'un ouvrage à un autre et servir indifféremment d'ornement à chacun, comme ces vases, ces surtouts ou dressoirs d'argent magnifiques, qui servent tantôt à la décoration du salon, tantôt à la pompe des festins, quelquefois même à l'autel » (t. I, p. 149).

j'en suis tout consolé ; rien de plus chimérique que
la renommée et de plus contesté et de plus inutile. »
Prenons-y garde ; ces formules désabusées cacnent
mal l'orgueil profond de René ; le voici qui va
nous tranir la véritable ambition qui le torture :
être l'auteur du *Génie du Christiänisme*, d'*Atala*,
de *René*, des *Martyrs*, de l'*Itinéraire*, c'est-à-dire
le premier prosateur du siècle, tout cela ne satis-
fait pas son âme avide d'un autre genre de succès,
le succès politique ; c'est en vain que Collombet a
loué les grandes qualités littéraires du *Congrés
de Vérone*, il n'a pas su deviner le désir secret de
l'auteur : « Je vous remercie infiniment, Monsieur,
écrit celui-ci, le 30 juin 1838 : vous me louez trop,
beaucoup trop. Je remarque que vous vous êtes
mis au point de vue du pays que vous nabitez : à
Lyon, c'est la poésie du *Congrès de Vérone* qui a
trouvé grâce ; à Paris, c'est ma correspondance
officielle qui a obtenu le suffrage même des journaux libéraux, comme me montrant sous un nouveau jour et transformant l'nomme des rêveries
en nomme très positif. Je voulais venger la Restauration des calomnies de ses ennemis ; j'ai
réussi : l'administration extérieure de la légitimité
est maintenant reconnue pour avoir été rigoureuse
et indépendante ; la guerre d'Espagne, avec tous
ses périls et sa victoire, me reste comme le René
de ma politique ; on ne conteste plus mon succès.

Comment, Monsieur, pouvais-je éviter de parler de moi dans le *Congrès de Vérone* ? Ses transactions sont-elles autre chose que des mémoires personnels [1]. » Les libéraux, en effet, étaient depuis plusieurs années déjà en coquetterie avec Chateaubriand, et Collombet ayant manifesté quelque scrupule au grand homme d'avoir choisi pour faire son éloge le *Courrier de Lyon*, journal libéral. Chateaubriand lui répondait : « Je ne suis point du tout offensé de trouver mon nom dans le *Courrier de Lyon* ; n'est-ce pas Carrel, dans le *National*, qui a le premier annoncé l'*Essai* avec une cordialité sans réserve ? » (octobre 1836). Aussi est-il particulièrement flatté que les libéraux rendent justice à son *Congrès de Vérone* ; quant aux royalistes, ils n'ont pas encore désarmé, et l'injustice de leurs rancunes blesse l'irritable légitimiste : « Il y a bien longtemps, écrit-il, que je connais les royalistes ; leurs très honnêtes scrupules font confondre quelquefois le génie particulier de l'écrivain avec la pure vérité ; au lieu d'accepter franchement les avantages qu'on remporte pour leur propre cause, ils ergotent contre leur champion, tandis que leurs ennemis même avouent la victoire. »

---

[1] Sainte-Beuve a répété à son tour cette belle expression, que la guerre d'Espagne était pour Chateaubriand *le René de sa politique* (t. I, p. 383, note).

Les adversaires de Chateaubriand ont bien des
fois suspecté la valeur de ses déclarations de foi
monarchique ou religieuse : Sainte-Beuve, en
particulier, a souvent médit de ce qu'il appelle son
*royalisme et son catholicisme d'une singulière
espèce* [1]. Il est vrai que certaines expressions doivent paraître étrangement déplacées sous la plume
d'un légitimiste ; quelle conviction monarchique
accorder à un homme qui se flattait d'être l'ami
de Carrel et de Béranger ? De même beaucoup de
passages ayant trait à la religion n'auraient jamais
dû être écrits par l'auteur du *Génie*, et pour n'en
signaler qu'un exemple, Collombet avait-il tort
de blâmer « le ton leste et profane » de la *Vie de
Rancé* « qui a, disait-il, justement choqué les personnes chrétiennes, et devant lequel se sont récriés les hommes du monde [2]. » A cette critique,
Chateaubriand répondait à sa façon dès 1838,
quand il écrivait à Collombet : « Je suis chrétien,
très chrétien, catholique et romain, et, comme
vous l'avez fort bien remarqué, Monsieur, mon
saut dans la Seine est une hyperbole naturelle,
une phrase de conversation qui prouve seulement
la persuasion du mal affreux que j'aurais fait à la
légitimité, si je n'avais pas réussi dans la guerre

[1] T. I, p. 286 ; t. II, p. 411 et sqq. ; *Causeries du Lundi*,
t. II, p. 539 et sqq.
[2] P. 348.

d'Espagne [1]. Otez cette familiarité de diction, il
n'y a plus de style, 1ors le guindé et le frisé. »
Ainsi s'excusent les pires 1érésies monarc1iques
ou religieuses : c'est affaire de style ; C1ateau-
briand n'a pas su maîtriser son imagination, et
celle-ci, par 1orreur du *guindé* et du *frisé*, s'entraîne parfois au del1 des limites que la sage raison et le dogme prescrivent.

On le voit, C1ateaubriand dans ses lettres à
Collombet, se laisse aller à de longues conversations, et cette courte correspondance ajoute quelques traits à la p1ysionomie de l'écrivain et de
l'1omme d'Etat. L'1omme aussi s'y laisse deviner
parfois ; René disait : « Je crois que je me suis
ennuyé dès le ventre de ma mère », et nul critique
n'a plus délicatement que Sainte-Beuve, analysé
« cet ennui incurable, mélancolique, sans cause,
si souvent doux et enc1anteur dans son expression,
sauvage et desséc1ant au fond, et mortel au cœur,
mortel à la bonne et saine pratique familière des
vertus, le *mal de René* [2]. » Comme il est naturel
que cet ennui se soit aggravé, la tristesse de l'âge
aidant ! Quelle que soit la délicatesse de l'affection
attentive et intelligente qui para cette vieillesse
d'un gracieux sourire, il ne se pouvait pas que

---

[1] Pour comprendre l'allusion, il faut se reporter au
*Congrès*, 2ᵉ partie, chap. ii.
[2] T. I, p. 99.

Chateaubriand ne sentit les atteintes des années ;
la robuste constitution de l'écrivain est éprouvée :
« J'ai toujours mon rhumatisme à la main droite,
et j'ai été obligé de dicter cette lettre à mon secrétaire, ne pouvant écrire moi-même », dit-il le
30 juin 1838 ; le 14 mai 1839, même plainte : « La
goutte qui m'engage la main droite, quoique sans
être extrêmement douloureuse, m'empêche néanmoins de tenir la plume, je suis obligé de dicter. »
Les occupations littéraires, qui avaient été sa
consolation aux heures d'amertume, sont de plus
en plus lourdes : « Je touche à la fin de mes tristes
*Mémoires*, dit-il ; j'espère que je n'aurai plus qu'à
me croiser les bras et à regarder le ciel. » Les
voyages aussi lui sont interdits : « Mes amours et
mes regrets à Rome, écrit-il à Collombet qui partait pour l'Italie. Vous êtes bien heureux, vous
allez la voir ; moi, je ne la reverrai jamais[1]. » Ce
ton de mélancolie atteint jusqu'au sublime, il
nous semble, dans la lettre du 28 septembre 1843,
que nous reproduisons en entier :

J'ai reçu, Monsieur, votre amicale lettre : je connaissais déjà tout ce que votre bonté a bien voulu m'envoyer. Je crois peu aux hommes sur le trône, mais

---

[1] Cette lettre est à tort datée dans *Chateaubriand*,
p. 513, du 9 mars 1839 ; l'Itinéraire de *Rutilius* dont Chateaubriand remercie Collombet, ne parut qu'en 1842 ; et
c'est précisément en 1842 que Collombet fit ce voyage.

je crois ferme aux sentiments de ceux qui, comme
moi, cheminent dans les pénibles sentiers de la vie.
Je suis bien vieux, Monsieur, je souffre beaucoup ;
je m'en vais ; mais je ne mourrai pas, comme saint
Jérôme à Bethléem. Je vous souhaite, à vous qui
avez encore longtemps à traîner la vie, toutes les
propérités que je n'ai pas eues, mais Dieu me reste,
et j'espère bientôt me reposer dans les bras de l'éternel consolateur.

Agréez, Monsieur, je vous prie, avec mes remercî-
ments les plus sincères, l'assurance de mon affection
réelle et de ma considération la plus distinguée.

CHATEAUBRIAND.

Cette lettre est la dernière de cette correspondance qui se clôt sur une magnifique inspiration
de cette imagination grandiose et désolée. N'est-ce
pas le cas de rappeler, à propos de cette vieillesse,
les belles paroles que Chateaubriand écrivait dans
ses *Réformes politiques sur quelques brochures
du jour :* « Il n'est pas si dur, lorsqu'on approche
de la vieillesse, qu'on a passé l'âge de l'ambition,
qu'on a connu les choses et les hommes, qu'on a
vécu au milieu du sang, des troubles et des tempê-
tes; il n'est pas si dur d'avoir un moment pour se
reconnaître avant d'aller où Louis XVI est allé. »

# CHAPITRE VIII

## UNE ÉTUDE LYONNAISE SUR CHATEAUBRIAND
### (Suite).

> F.Z-. Collombet est le porte-parole des catholiques de
> 1850. — Jugements qu'il porte sur le *Génie du Chris-*
> *tianisme.* — Sur la politique de Chateaubriand. — Sur
> son talent d'écrivain.

L'étude de Collombet sur Chateaubriand, ainsi
préparée par de longs travaux antérieurs, et par
l'échange de lettres, où le grand homme avait
dévoilé quelques-unes de ses pensées intimes au
critique lyonnais, nous paraît importante ; parce
qu'elle fut non pas seulement le jugement d'une
intelligence individuelle, si compétente qu'elle
fût, mais encore l'opinion de tout un parti. Ce
livre fut comme le lieu où se réunirent quantité
de bons esprits : c'est pourquoi, dans l'histoire de
la critique *chateaubrianesque*, il mérite d'être
remarqué.

Le parti, qui se reconnut dans l'ouvrage dont

nous parlons, comprenait les catholiques, très
fermes sur les principes, mais qui pourtant au
milieu des luttes religieuses défendirent leur pensée des exagérations et du fanatisme. Le 16 avril
1853, Th. Foisset écrivait à Collombet : « Sur
M. de Chateaubriand, je crois en vérité que je
suis de votre avis d'un bout à l'autre ». Or,
Th. Foisset est connu par beaucoup de publications, que les catholiques tiennent en grande
estime. Collombet eut également le bonheur de
plaire à tous les prêtres, qui, intransigeants en
matière de foi, n'avaient cependant pas abdiqué
l'indépendance de leur jugement. L'abbé Gorini,
auteur d'un livre d'érudition solide contre les
erreurs des historiens modernes [1], lui écrivait :
« Je me suis procuré les *Causeries* de Sainte-Beuve
et les *Portraits* de Planche : comme ils vous dé-
pècent Chateaubriand ! Votre livre était nécessaire
pour s'opposer à la réaction. Hoffmann et Morel-
let ne sont pas morts ; ils n'ont que changé de
nom, et ils font maintenant des *Portraits* et des
*Causeries*. Au moins sans faire l'apothéose de
l'illustre écrivain, sans adorer même les taches de
ce soleil, vous lui rendez la justice qu'il mérite. »
(10 juin 1851).

[1] *Défense de l'Église contre les erreurs historiques de
MM. Guizot, Aug. et Am. Thierry, Michelet, Ampère,
Quinet, Fauriel, Aimé Martin,* etc., 3ᵉ édit., 4 vol. in-8, 1864.

Il est inutile de multiplier ici les citations ; nous avons simplement voulu prouver, par ces deux exemples, que le livre de Collombet eut quelque écho dans l'opinion, et qu'il satisfit, sinon les hérauts de la critique parisienne auxquels un modeste provincial ne parvient jamais, au moins des catholiques cultivés et indépendants. L'article enthousiaste que Lenormant avait consacré aux *Mémoires d'Outre-Tombe*, lorsque la tombe de Chateaubriand venait à peine de se fermer, était suspect, à bon droit, parce que l'éloge s'y étalait démesurément ; Sainte-Beuve commençait contre Chateaubriand cette petite guerre d'escarmouches, prélude de la grande bataille, dans laquelle il devait, en 1860, porter un coup si violent à la gloire de Chateaubriand. Quant à ceux que les *Mémoires d'Outre-Tombe* malmenaient, le public n'écoutait leurs plaintes et leurs récriminations qu'avec une attention ironique. Donc pendant que la critique s'égarait dans des éloges hyperboliques ou dans des rancunes personnelles, il était bon qu'un esprit solide, comme Collombet, vînt au nom de tout un parti, déterminer la triple influence religieuse, politique et littéraire que Chateaubriand exerça sur son siècle.

## I

Pour établir la biograpiie de son iéros, Collombet s'est beaucoup servi des *Mémoires d'Outre-Tombe* qui paraissaient au moment même où il travaillait à son livre. Ce n'est pas qu'il leur accordât toute confiance ; au contraire, il sait combien ces longs *Mémoires* renferment « de faits inexacts, d'appréciations injustes ou légères, de contradictions flagrantes » (p. 4oo). Cependant sur l'enfance de Ciateaubriand, sur les années de Combourg, sur le voyage en Amérique, sur l'émigration, sur l'exil d'Angleterre, il accepte sans restriction le récit que Ciateaubriand nous a fait. C'est aussi dans les préfaces de Chateaubriand, dans ses œuvres *(Essai sur les révolutions,* articles du *Mercure,* etc.), qu'il a puisé la matière de cette biograpiie, rapide, limitée aux dates principales et aux événements essentiels. Collombet connaît les œuvres et la vie des principaux écrivains avec lesquels Ciateaubriand fut en contact : Joubert, Benjamin Constant, Fontanes, M^{me} de Staël ; mais il n'a pas eu, comme Sainte-Beuve, le privilège de fouiller dans les papiers inédits de Fontanes et de Chênedollé, et nulle part il n'apporte à la biograpiie de Chateaubriand des contributions sérieuses. Ainsi il

n'élève aucun doute sur la véracité du *Voyage
en Amérique ;* quand il cherche les motifs qui
ont déterminé le voyage d'Orient, il fait une
allusion discrète à la fameuse phrase relevée par
Sainte-Beuve, en 1834, sur le manuscrit des
*Mémoires :* « Nous savons, dit-il, qu'un écrivain
distingué a donné à cette détermination de Chateaubriand un motif tout profane, regrettable même
et triste à dire, mais nous ne voudrions y croire
que sur des preuves incontestables, et la célébrité
qu'il aurait fallu s'acquérir dans cette misérable
hypothèse lui était venue déjà par des œuvres
antérieures aux *Martyrs* » (p. 208). Cependant,
à propos de l'*Itinéraire*, il a lu la critique assez
vive dirigée contre l'exactitude de Chateaubriand
par le Dr Avramiotti[1] ; et il souhaite même que les
observations d'Avramiotti soient « ajoutées aux
futures éditions de l'*Itinéraire*, comme utile et
curieux correctif ». Ailleurs il relève avec aigreur
deux affirmations erronées de Quinet, qui, dans
*le Christianisme et la Révolution française* et
l'*Ultramontanisme*, avait prétendu que le *Génie
du Christianisme* fût mis à l'interdit par Pie VII.

---

[1] *Alcuni cenni critici*, 1817, Padoue. — A-t-il connu
directement l'ouvrage d'Avramiotti ? Assurément non.
Comme Sainte-Beuve il s'est contenté d'en lire l'analyse
publiée dans les *Annales Encyclopédiques* de Millin, t. II,
p. 159 et sqq.

Ainsi n'allons pas cıercıer dans Collombet des indications neuves sur la biograpıie de Cıateaubriand. Ce travail d'ailleurs reste encore à faire, malgré les nombreuses publications parues sur Cıateaubriand ; l'édition même des *Mémoires d'Outre-Tombe* qui vient d'être acıevée par M. Biré n'a pas tenu ce qu'on pouvait en attendre. Une fois que M. l'abbé Pailhès aura acıevé la publication des lettres inédites de Cıateaubriand et de ses amis, qu'il possède en si grand nombre, l'œuvre pourra être utilement entreprise. Si le livre de Collombet n'était pas suivi des lettres que nous avons analysées, nous dirions au futur biograpıe de Cıateaubriand qu'il peut le négliger sans aucun scrupule.

## II

Au contraire, dès qu'il s'agit d'apprécier Chateaubriand comme apologiste de la religion chrétienne, le livre de Collombet peut rendre des services appréciables.

Nul ne pouvait démêler avec une érudition plus sûre les origines du *Génie*, nous dire en quoi cet ouvrage, comparé aux polémistes religieux du xviii° siècle, était une nouveauté, et le rattacıer à l'ensemble du mouvement catıolique, dont fut marqué le début du xix° siècle.

Quand nous prêtons l'oreille aujourd'hui aux
écios de la lutte que les piilosopies et les
croyants soutinrent les uns contre les autres,
nous n'entendons plus que la voix ironique et
spirituelle de Voltaire, ou les déclamations inso-
lentes des encyclopédistes : mais Collombet rend
justice aux obscurs et aux simples qui, en ces
temps d'impiété, défendirent la religion : « Non,
s'écrie-t-il, les défenseurs du ciristianisme au
xviii° siècle n'eurent pas en partage le ciarme de
langage qui attirait vers deux ou trois de leurs
adversaires ; mais il faut dire à leur louange et à
leur justification qu'ils ne donnèrent pas à l'erreur
le droit de prescrire, qu'ils ne laissèrent passer
aucun mensonge sans le réfuter, aucune folie
sans la relever, aucune ignorance sans la démas-
quer [1]. » Ces atilètes inconnus étaient légion : le
Franc de Pompignan, l'abbé Dubois de Launay,
Barruel, le P. Paulian, l'abbé Nonotte, l'abbé
François, le P. Hyacintie, l'abbé Bergier, l'abbé
Duvoisin, et vingt autres, dont les livres sont
cités par Collombet et analysés rapidement. Quel
critique de Ciateaubriand pouvait, avec l'autorité
de Collombet, écrire cette préface au *Génie* et
soutenir qu'avant le *Génie du Christianisme* tout
était dit, mais qu'il fallait le dire autrement [2] ?

[1] P. 105.
[2] P. 111.

Ce n'était pas Sainte-Beuve, lui qui aimait ı citer
ı ses amis, pour montrer qu'à la fin du xviiie siècle
la gangrène dévorait au cœur beaucoup de pauvres
religieux, le cas du P. Dotteville, « connu par
quelques traductions d'auteurs latins, et qui se
permettait d'infâmes sourires contre le sacrifice
des autels, et, au lit de mort, se faisait réciter
pour suprême consolation ces vers d'Horace :

> *Eheu ! fugaces, Posthume, Posthume,*
> *Labuntur anni* [1] ».

Ce n'était pas Villemain qui ne trouvait à citer
que Fréron parmi les défenseurs du cıristianisme
et qui ajoutait qu'au xviiie siècle « le prêtre, par-
tagé entre l'intolérance et la frivolité, ne sut pas
réparer par la science les pertes de la foi [2] ».

Cependant Sainte-Beuve, voulant déterminer
exactement l'influence du *Génie du Christianisme*, n'oubliera pas de rappeler le mouvement
catıolique, ou, pour mieux dire, la renaissance
religieuse qui se manifeste en France au commen-
ment du xixe siècle, et il citera les noms de Bonald, de Josepı de Maistre, de l'abbé Frayssinous
(p. 329, t. I). Ces noms-lı, Collombet les avait

---

[1] Ce propos est rapporté par Collombet lui-même *(Revue
du Lyonnais*, t. VIII, p 377, 1838).
[2] *Cours de littérature française au* xviiie *siècle,* t. II,
p. 77.

prononcés avant Sainte-Beuve, et il avait même étudié si longuement les écrits des deux premiers, que le rapporteur du concours à l'Académie de Lyon voyait dans ce livre non moins l'éloge de J. de Maistre et de Bonald que celui de Chateaubriand.

Longtemps avant Collombet, les érudits catholiques avaient énuméré les erreurs et les lacunes du *Génie :* sur ce point encore, Collombet est beaucoup mieux renseigné que ses prédécesseurs [1]. Les pages dans lesquelles il traite cette question sont parmi les plus solides qu'il ait écrites. On sait quelles étaient les prétentions de Chateaubriand : « Je connaissais, dit-il, les ouvrages des Pères, mieux qu'on ne les connaît de nos jours : je les avais étudiés même pour les combattre, et entré dans cette route à mauvaise intention, au lieu d'en être sorti vainqueur, j'en étais sorti vaincu. » *(Mém.,* t. III, p. 272.) Un profane serait obligé d'en croire Chateaubriand sur parole : les nombreuses citations des Pères de l'Église, dont son livre est semé, font illusion,

---

[1] En 1837, il écrivait dans la *Revue du Lyonnais* (t. V, p. 228) un article sur le P. Michel Desgranges qui avait publié en 1806 des *Réflexions intéressantes sur l'ouvrage qui a pour titre : Génie du Christianisme* (Turin). — La brochure contient l'indication rapide des erreurs et des méprises qui se trouvent dans l'ouvrage de Chateaubriand.

mais Collombet n'est pas dupe : « Ce qu'il dit des illustres docteurs de l'Église, écrit-il, nous montre que, s'il les connaissait mieux qu'on ne les connaît de nos jours, où l'on n'en fait pas l'objet d'excessives études, il n'était pas descendu très avant dans leurs œuvres. Ses notes rapides sur les Pères nous semblent bornées et mesquines, en comparaison de la grandeur et de la fécondité d'un sujet facile à creuser, après tout » (p. 131). Et les preuves suivent, abondantes et précises : Collombet, l'érudit biograpie de tant de saints et des Pères, tressaille de regret, à la pensée des pages inspirées que l'imagination d'un Ciateaubriand aurait enfantées, si elle se fût imprégnée plus profondément de la grande poésie cirétienne. Nous ne rêvons pas d'un *Génie du Christianisme* corrigé et augmenté par Collombet : à vivre ainsi dans le voisinage immédiat d'un grand génie, on risque, et à bon droit, de scandaliser les gens de goût, qui ne souffrent pas qu'un maladroit commentateur vienne à ciaque instant les interrompre pour leur dire que leur émotion se trompe. Cependant Collombet eût pu donner un utile supplément au *Génie* et cet appendice aurait rendu de grands services aux futurs annotateurs de Ciateaubriand.

L'érudition ecclésiastique de Collombet, certes, était supérieure à celle de Ciateaubriand. Mais

l'on est agréablement surpris de voir combien
Collombet a été ıeureusement inspiré, en signalant quelques erreurs du *Génie*, relatives à la littérature ancienne. Collombet avait vécu dans une
intimité familière avec tous les écrivains de la
Grèce et de Rome; et ses préoccupations religieuses ne l'empêcıent pas de rendre justice aux
écrivains profanes : il a plus d'une fois relevé
l'exagération de Cıateaubriand, voulant « faire
ıonneur au cıristianisme de ricıesses qui ne lui
appartiennent pas » (p. 119). Soutient-il, par
exemple que la poésie descriptive était inconnue
à l'antiquité? Collombet en appelle aussitôt à
Homère, dont le ıéros s'arrête, mélancolique, au
bord de la mer retentissante, aux Troyennes de
l'*Enéide*, qui regardent en pleurant la mer profonde, aux tableaux cıampêtres d'Horace, le
poète gracieux et encıanteur : « Les anciens, conclut-il, comprennent la nature et la sentent à
merveille, mais ils ne tracent que les grandes
lignes, ne jettent que quelques traits rapides,
tandis que nous épuisons les couleurs et nuisons
à l'effet, en délayant nos pensées » (p. 121). Collombet consent à trouver l'Andromaque de Racine
plus sensible, plus intéressante que l'Andromaque
antique ; cependant les beaux vers de l'*Enéide* lui
paraissent peindre une mère, à qui rien n'a manqué de la tendresse maternelle et de la délicatesse

de sentiments. Collombet est allé jusqu'à prendre contre Chateaubriand la défense de la science : « Est-il bien vrai, s'écriait celui-ci, que l'étude des mathématiques soit si nécessaire dans la vie ?... Plusieurs personnes, continue-t-il, ont pensé que la science entre les mains de l'homme dessèche le cœur, désenchante la nature, mène les esprits faibles à l'athéisme, et de l'athéisme au crime [1]. » Erreur profonde, répond Collombet ; condamner les sciences, c'est condamner la civilisation elle-même ; au reste, ajoute-t-il, « il ne faut jamais confondre la science avec celui qui la professe ; les erreurs ou les vices de quelques savants ne sont pas plus le fait de la science que le fanatisme, la licence ou les crimes d'un ministre de l'autel ne sont celui de la religion » (p. 130).

C'est ainsi que, pour avoir voulu tout ramener à sa thèse favorite, l'auteur du *Génie* donna prise à la critique nette, sensée, judicieuse de l'honnête Collombet. Contre Chateaubriand, il a défendu les Pères de l'Église, l'antiquité païenne, les sciences mathématiques, physiques et naturelles, et l'on doit reconnaître que ces protestations nécessaires n'ont peut-être jamais été faites si consciencieusement.

Le *Génie* soulève de plus hautes discussions, et

---

[1] *Génie*, 3ᵉ partie, liv. II, chap. I.

récemment encore on consacrait tout un livre à établir la *sincérité religieuse de Chateaubriand* [1].

Cette sincérité, Collombet l'admet sans restriction : « Chateaubriand, dit-il, à l'époque où il commença le *Génie du Christianisme*, croyait aux vérités dont il parlait avec tant de séduction; les preuves matérielles subsistent encore, preuves écrites de sa main, échappées à l'intimité et destinées à voir le jour (p. 114). » « Elles sont aux mains de Sainte-Beuve, » ajoutait-il dans une note, et il faisait allusion aux confidences que Sainte-Beuve avait pu lui faire d'après cette fameuse lettre de Chateaubriand à Fontanes qui permettra plus tard à Sainte-Beuve d'être si affirmatif [2]. Collombet ne s'attarde donc pas à prouver une sincérité qui ne lui paraît pas discutable; cependant il relève dans les *Mémoires* bien des passages étranges sous la plume d'un restaurateur de la religion ; n'a-t-il pas écrit, en effet, qu' « une alternative de doute et de foi a fait longtemps de sa vie un mélange de désespoir et d'ineffables délices »? Collombet condamne ces doutes, dont

---

[1] L'abbé Bertrin, thèse de doctorat, 1900.

[2] « Le ton, disait Sainte-Beuve, en est certainement étrange, le style exagéré : celui qui l'a écrite est encore sous l'empire de l'exaltation, mais la sincérité de cette exaltation ne saurait être mise en doute un moment » (t. I, p. 171.

la légèreté ou une indiscrétion vaniteuse arrachent
l'aveu à l'auteur du *Génie:* mais il ne croit pas
que l'âme de Chateaubriand en ait été ébranlée
sérieusement : « Nous nous obstinons à croire,
dit-il, M. de Chateaubriand meilleur qu'il ne se
fait auprès du public, et nous l'avons entendu qui
disait, en 1826, que, s'il n'était pas chrétien, il ne
se donnerait pas la peine de le paraître[1]. » Les
inconvenances qui déparent la *Vie de Rancé* ne
diminuent pas la confiance de Collombet dans la
sincérité de Chateaubriand ; il y condamne avec
sévérité « le ton leste et profane qui a justement
choqué les personnes chrétiennes et devant lequel
se sont récriés les hommes du monde » (p. 348) ;
mais il avait présente à l'esprit la belle lettre que
Chateaubriand écrivait au Lyonnais Claudius
Hébrard, le 31 juillet 1844 :

Pardonnez-moi, Monsieur, si je viens vous remercier du bel article sur la *Vie de Rancé,* que vous avez
imprimé à Lyon, dans l'*Institut catholique.* Ce ne sont
pas les éloges, tout flatteurs qu'il sont, que vous avez
bien voulu donner à ma triste personne qui m'enga-
gent à vous importuner aujourd'hui. Mais je suis
heureux de trouver que vous ne doutez pas de la sincérité de ma foi. Je n'attache d'importance qu'à ce
que je pense, nullement à la manière dont j'exprime

---

[1] *Essai,* édit. de 1826, t. I, p. 47.

ma pensée. Ce n'est pas quand on va bientôt quitter
la terre qu'on s'amuserait à mentir. Si j'avais le
malheur de ne plus croire, je ne me ferais aucun
scrupule de le déclarer. Je n'attache aucun prix à
l'opinion humaine.

Je vous prie de croire, Monsieur, à toute ma reconnaissance et d'agréer mes sincères félicitations, sur
la manière dont vous exprimez vos belles pensées.
Vous voyez, Monsieur, que je suis obligé de dicter, ne
pouvant plus écrire ; le ciel me punit d'avoir trop écrit.

CHATEAUBRIAND [1].

Quelques mois après, dans l'*Institut catholique* (décembre 1844), Collombet pouvait lire
encore cette belle lettre adressée par Chateaubriand à un poète :

Si j'étais à recommencer ma vie, je n'écrirais pas
un seul mot et je voudrais mourir complètement
ignoré ; mais je serais toujours chrétien comme je l'ai
été. Tout compté, il ne reste dans la vie qu'une chose :
la religion.

C'est elle qui donne l'ordre et la liberté au monde,
et, après cette vie, une vie meilleure. Sans doute j'ai
eu, dans les chagrins de mon existence, des moments
d'incertitude et de langueur, mais en avançant vers
le terme où j'arriverai bientôt, mes pas se sont affer-
mis et j'ai d'autant plus foi dans cet accroissement
de mes forces, que mon esprit n'a rien perdu de la

---

[1] *Institut catholique*, t. VI, p. 65.

vigueur de la jeunesse. Je suis resté tel que j'ai toujours été.

J'ai cru avant tout dans la politique à la liberté. Je
l'ai voulue par les rois, parce qu'il me semblait que,
venant du principe du pouvoir, elle effrayerait moins
et serait mieux ordonnée. Si les rois n'en ont pas
voulu, ce n'est pas ma faute, et je leur ai assez souvent
prédit leur sort quand ils ont pris une fausse route.
Maintenant, les rois tombent, je leur reste fidèle par
l'honneur plutôt que par goût. La vie n'a quelque
dignité que dans son unité et sa droiture. Voilà, Monsieur, où j'en suis.

Je me prépare à mourir citoyen libre, royaliste
fidèle et chrétien persuadé. L'avenir du monde est
dans le christianisme, et c'est dans le christianisme
que renaîtra, après un ou deux siècles, la vieille société qui se décompose à présent.

En définitive Collombet croit que le *Génie* est
une œuvre de conviction ; il croit aussi que le livre
a heureusement modifié l'état d'esprit des générations modernes. Nul ne sait mieux que lui ce que
les catholiques regrettent de ne pas trouver dans
l'ouvrage ; mais, dit-il, « Chateaubriand fit ce
qu'il y avait possibilité de faire. Il fit goûter le
charme de la religion chrétienne à des esprits
passionnés uniquement pour Athènes et pour
Rome ; il la présenta avec ses divins attributs, ses
pompes touchantes et releva dans cette religion
des richesses inaperçues, des harmonies particu-

lières, de nouvelles sources de splendeur et de
beauté, de poésie et d'imagination ; lui donna une
lyre plus poétique que celle d'Homère et dont les
cordes répondent à toutes les affections du cœur,
aux célestes pensées de la vierge, aux soupirs du
jeune homme solitaire, aux soupirs de l'âme qui
rêve et attend un bien inconnu[1] ». Qu'après cela
un incrédule comme Sainte-Beuve vienne malicieusement faire observer que le *Génie* n'a infusé
qu'une religion superficielle en beaucoup d'esprits.
Collombet pouvait lui objecter qu'il a déposé dans
d'autres âmes les germes d'un christianisme profond : « Je suis l'obligé du *Génie du Christianisme*, lui écrivait Foisset, le 11 avril 1853. Après
Dieu, après mon père, c'est à cet ouvrage que je
dois la conservation de ma foi ; j'espère bien ne
l'oublier jamais. » Les chrétiens de la trempe de
Foisset sont l'exception au xix° siècle ; le plus
grand nombre, selon la spirituelle expression de
l'abbé Montfat, un autre correspondant de Collombet, « croient avoir fait beaucoup lorsqu'ils
ont répudié Voltaire, plaint Jean-Jacques, et levé

---

[1] Peu de temps avant sa mort, Collombet écrivant un
article sur Mgr Frayssinous, défendait encore le *Génie du
Christianisme*. Frayssinous lui-même n'avait-il pas compris qu'un nouveau genre d'apologétique devait être inau-
guré, lorsqu'il commençait en 1803 ses Conférences de
Saint-Sulpice !

leur chapeau à la Croix » (20 juin 1851). Cette
attitude extérieure, qui n'engage pas la pratique,
serait-elle le seul résultat d'un livre comme le
*Génie* que l'auteur aurait encore le droit de se
poser en défenseur de la religion [1].

## III

Ceux-là mêmes que scandalisent le plus les
sévérités de Sainte-Beuve à l'égard de Chateaubriand s'accordent à rendre hommage à la finesse
du jugement qu'il a porté sur son génie d'écrivain.

[1] L'abbé Christophe, dans son article nécrologique sur
Collombet, cite comme étant de Collombet un jugement
sur le *Génie* qu'il faut restituer à son véritable auteur, à
Cesare Cantu. Nous le donnerons ici avec toutes les incor-
rections de langue, qui lui rendent sa saveur : « Je crois
que Chateaubriand a fait du bien par son *Génie du Christianisme*, c'est un bon livre d'occasion. Il fallait opposer
quelque chose à la fatuité des philosophes, quelque chose
de léger comme leurs attaques. Ce n'est pas un livre de
profonde conviction ; il n'a pas même entrevu la puissance
historique et sociale du christianisme ; rien de son organisation, rien de l'explication qu'il a apportée aux grands
problèmes de la société, et des leçons de liberté, par lesquelles il a régénéré le monde accroupi dans un cloaque,
comme était la société humaine. Il n'y a vu que le beau ...
ce n'est qu'un côté de la vérité... Mais, enfin, il a osé
parler religion quand tous les esprits en sentaient le besoin
et que personne, dans la bonne compagnie, n'osait
l'avouer ».

On apprécie mieux encore les pages incompara-
bles du livre de Sainte-Beuve, quand on a lu le
*Chateaubriand* de Collombet : c'est être créateur
encore que de pénétrer aussi avant que Sainte-
Beuve dans l'analyse du génie de Chateaubriand ;
il n'appartient qu'au goût le plus vif, à l'imagination la plus riche, à la pensée la plus subtile, de
célébrer avec tant de charme les merveilles
d'*Atala*, de *René* ou des *Martyrs*. Toutes les appréciations que Sainte-Beuve a portées de Chateaubriand écrivain sont définitives et toujours on ira
chercher, sous les médisances dont le livre est
obscurci, les fleurs radieuses de goût et de poésie
nées sous la plume du grand critique. .

Collombet a distingué les qualités supérieures
de Chateaubriand, mais il n'a trouvé pour les
définir aucune de ces formules, qui ouvrent des
perspectives sur l'étendue de tout l'horizon littéraire et qui s'imposent aux méditations de chaque
lecteur. La plupart du temps, il substitue à son
propre jugement celui que d'autres avaient prononcé avant lui ; pour le *Génie*, pour les *Martyrs*,
pour l'*Itinéraire*, il fait défiler sous nos yeux la
liste des contemporains qui ont attaqué ou défendu
l'auteur. Certes, cette documentation est indispensable à la critique : pour juger de l'originalité
d'un livre, il faut appeler en témoignage les
contemporains ; il faut leur demander quelles

impressions ils ont reçues d'une œuvre, et là
même où ils se sont trompés, ils nous fournissent
des indications utiles pour asseoir une plus équi-
table appréciation ; mais il faut que l'esprit du
critique ainsi encombré de citations ne se laisse
pas alourdir par le poids de cette érudition et qu'il
recouvre toute son indépendance. « Soyez une
source, disait Joubert à Chateaubriand, et non
pas un tuyau ; » le critique assurément tire d'au-
trui la substance de ses études, mais dans des
œuvres de seconde main il peut mettre plus ou
moins de personnalité.

Aussi Collombet a-t-il mérité le reproche, qui
lui fut fait à l'Académie de Lyon, de manquer de
*lyrisme.* Il se montre critique instruit, sagace et
consciencieux ; mais nulle part, la poésie de Chateaubriand ne lui a inspiré un de ces beaux mouvements d'enthousiasme, une de ces expressions
frappantes qui sont l'honneur de la grande critique.

Cependant sachons gré à Collombet de n'avoir
pas, par puritanisme religieux, fermé les yeux
aux beautés neuves et fortes de Chateaubriand.
Un de ses correspondants s'étonnait qu'il eût été
aussi indulgent. « Pourquoi, lui écrivait l'abbé
Montfat, ne pas punir Chateaubriand de la scène
scandaleuse d'*Atala*, de Velléda, des légèretés de
Cymodocée, qui n'ajoutent rien à sa beauté litté-

raire et gâtent son caractère moral? Et René ne
mérite-t-il pas de grands reproches pour avoir
donné, comme l'observe Saint-Marc Girardin, le
mauvais exemple aux fous du romantisme, pour
avoir exposé le tableau d'une passion inces-
tueuse? » Collombet n'a pas confondu la littérature avec la morale : après avoir fait quelques
restrictions que la simple morale laïque elle-
même fait à propos de Chateaubriand, il n'a pas
résité à nous dire la puissance d'enchantement de
cette Atala qui, depuis un demi-siècle, fascinait le
public, et à laquelle Chateaubriand devait donner
des sœurs immortelles, Amélie, Blanca, Cymodocée, Velléda.

Collombet a subi l'ascendant de cette prose
magique de Chateaubriand, qui faisait éprouver
à M^{me} de Beaumont « une espèce de frémissement
d'amour ». Avant Sainte-Beuve, quoique d'une
manière moins pittoresque, il a regretté que l'auteur d'*Atala* n'ait pas marié plus rabilement les
couleurs indiennes au génie de notre langue
(p. 79); mais il ajoute que « les rommes qui
avaient en leur esprit un instinct novateur prirent
parti pour ces merveilles d'imagination et de
style » (p. 83). Il juge d'une façon intéressante la
gracieuse nouvelle du *Dernier Abencérage*, où
Sainte-Beuve était tenté de reconnaître le cief-
d'œuvre de Chateaubriand : « M. de Chateau-

briand, dit-il, y est plus sobre de détails que dans
*Atala* et dans *René*, les touches sont moins
ardentes, les contours plus voilés ; et le style où
l'auteur déploie tant de souplesse et d'harmonie
est élevé sans effort, simple avec noblesse, varié
et prenant tous les tons ; l'auteur n'a rien écrit de
plus suave, de plus pur de forme, de plus épa-
noui » (p. 92).

Collombet a déjà quelques-uns des scrupules
scientifiques de la critique contemporaine ; pour
apprécier dans le détail le travail de style auquel
se livrait Chateaubriand, il souhaite une édition
comparée du *Génie du Christianisme* (p. 147), et
il signale, par exemple, les retouches que l'auteur
a fait subir à un remarquable fragment sur le
chant du rossignol. Ce vœu de Collombet, un
critique le formulait récemment[1] ; car cette édition *Variorum* en apprendrait plus que les considérations les plus ingénieuses sur l'écrivain qui
sut élever la prose à la dignité de la poésie.

L'*Itinéraire*, que le public de 1811 accueillit
froidement, est rétabli dans ses droits par Collombet ; il a jugé ce livre avec bonheur : « On trouve,
dit-il, chez M. de Chateaubriand des couleurs plus

---

[1] M. Victor Giraud dans la *Revue d'Histoire littéraire*,
t. III, p. 160. Dernièrement M. Albalat étudiait les corrections manuscrites de Chateaubriand : cf. *le Travail du
Style*, A. Colin, 1903.

rembrunies que chez beaucoup d'autres voyageurs, mais la raison en est toute simple : c'est
que, sur cette terre travaillée par les miracles, il
a vu la vengeance de Dieu gravée en traits de
flammes, et qu'il a entendu retentir partout la
voix menaçante des Voyants d'Israël. Son génie
aussi se prend volontiers à ces grandes images de
mort, et se plaît à errer sur les ruines. On aimerait cependant que les sombres tableaux de la loi
ancienne fussent plus souvent éclairés par le jour
suave et pénétrant de l'Evangile » (p. 215).

Ce fut comme un mot d'ordre pour la critique
de 1850, d'être sévère aux *Mémoires d'Outre-
Tombe;* Collombet lui aussi, dit que le « mé-
compte a été universel » ; ces *Mémoires* avaient
été trop loués par les intimes de l'Abbaye aux
Bois, et après les avoir lus, Collombet écrivait
sévèrement : « Il est vrai que le temps, le lieu, le
choix même des chapitres, mille secrètes influences commandaient à des juges excellents d'ailleurs,
une admiration à laquelle le public n'est pas engagé par les mêmes motifs, et dont les privilégiés
n'ont eu que trop le temps de revenir » (p. 398).
La postérité seule devait rétablir l'équilibre entre
les panégyriques de 1834 et les dénigrements
de 1850.

On trouve déjà dans Collombet l'idée familière
à Sainte-Beuve, celle que Chateaubriand est un

écrivain de décadence : « Qu'est-ce que cette décadence relative à laquelle il n'a pas écıappé?
C'est la recıercıe de l'esprit, c'est l'excès du
beau, le manque de cette force dans la simplicité,
qui est le propre des grandes époques littéraires
et pıilosopıiques. C'est la décadence des deux
Pline et de Tacite, le trop d'art et d'effet ; ou bien,
quand le ton est simple, je ne sais quoi lı dessous
qui sent la recıercıe et l'étude » (p. 378). For-
mulée ainsi, l'opinion n'a rien de cıoquant et
peut être acceptée par ceux-lı même qui, subju-
gués par l'incomparable beauté de style de Chateaubriand, se prosternent devant lui en s'écriant
comme Dante à Virgile : « Tu duca, tu signore e
tu maestro. »

En définitive, si Cıateaubriand ne paraît pas à
Collombet avoir joué le rôle de chef d'école parce
qu' « il lui manquait l'esprit de prosélytisme », il
reste un précurseur, « aussi grand par sa parole
dans cette ère prodigieuse de l'Empire, que
Napoléon par son épée ». « Il appartient, dit-il,
à cette petite famille d'écrivains initiateurs, qui,
ouvrent à leur siècle des voies nouvelles et qui
apparaissent de loin comme des pıares lumi-
neux » (p. 369). Ce que Cıateaubriand a de vraiment supérieur, c'est « sa parole dominatrice et
grande avec simplicité, son accent de cıevalier
français, le dernier de tous, et cette rêverie qui se

met si vite de la partie, ces traits historiques jetés
en avant avec à-propos, ces retours brusques et
soudains, ces pensées de mort qui frappent,
comme Bossuet » (P. 373).


# IV


A l'Académie de Lyon, le premier rapporteur
du concours, Th. Grandperret, disait du manuscrit de Collombet : « La partie politique est peut-
être moins heureusement abordée; l'auteur s'y
montre timide sur certains points et, au contraire,
âpre et injuste sur d'autres ». L'impression est
juste : Collombet a fait un panégyrique perpétuel
de la politique de Chateaubriand, et il a pris parti
avec lui contre tous ceux qui ont entravé sa carrière politique et qui ont méconnu ses qualités
d'homme d'Etat.

Il accepte pleinement la déclaration que Chateaubriand formulait dans sa brochure *De la Restauration et de la Monarchie élective* (1831) :
« J'étais l'homme de la Restauration *possible*, de
la Restauration avec toutes les sortes de libertés.
Cette Restauration m'a pris pour un ennemi; elle
s'est perdue ». Le rêve politique de Chateaubriand
était d'unir les royalistes et les libéraux dans la
fidélité commune à la monarchie légitime, rétablie

sur le trône. mais limitée par la charte. Cette ré-
conciliation était-elle possible? Pouvait-on attendre d'un gouvernement d'émigrés les satisfactions
que la France libérale réclamait? En admettant
même que Louis XVIII voulût sincèrement le
respect de la Charte et des garanties constitutionnelles, aurait-il pu imposer sa volonté à son en-
tourage, à ces nobles que l'exil avait irrités. sans
leur rien enseigner? Les violences du parti des
*ultras* ne se firent pas attendre ; Louis XVIII au
début tint bon contre les fanatiques de la *chambre
introuvable;* mais le ministère sincèrement libéral
de Decazes. qu'il avait fini par imposer. *glissa*
comme on sait. *dans le sang* du duc de Berry : et
désormais l'opposition libérale dut lutter sans
merci pour contenir la réaction dans des limites
acceptables. Avec un roi moins franc et moins
résolu que Louis XVIII. on mesura bien vite les
inconvénients du régime : les fameuses ordon-
nances de Juillet ruinèrent cette Restauration.
que les vœux presque unanimes de la nation sa-
luaient seize ans auparavant.

Faisons l'hypothèse d'une Restauration libérale; Chateaubriand était-il l'homme de ce gouvernement? A consulter les *Mémoires d'Outre-
Tombe.* on croirait que Chateaubriand est
toujours en scène. qu'il a mené la Restauration
et que celle-ci est morte de s'être séparée de lui;

l'historien impartial de cette période rencontre
souvent le nom de Chateaubriand, mais réduit sa
part d'action à ce qu'elle fut en réalité : décousue,
contradictoire et finalement restreinte.

Le pamphlet de *Buonaparte et les Bourbons*
que beaucoup considèrent comme un crime contre
la patrie et contre Napoléon, eut un grand retentissement ; Chateaubriand, par le prestige de son
langage divin, exalta la dynastie des Bourbons et
acheva la conquête de l'opinion. Si les violences
de la pensée, les emportements du style en rendent
aujourd'hui la lecture pénible, disons pour l'excu-
ser que Chateaubriand confondit comme tant
d'autres dans la même haine le despotisme de
Napoléon et l'éclat dont son génie illustrait la
France.

A partir de ce jour-là, Chateaubriand se crut
l'homme indispensable, le premier ministre futur
de la monarchie, comme il avait été par le *Génie*
le premier apologiste de la religion. On sait l'histoire de ses déceptions : Louis XVIII, qui ne l'aimait pas, le tint toujours à un rang secondaire ;
quand les circonstances le lui imposèrent, il le
subit, en attendant l'occasion de s'en débarrasser.
Charles X dès son avènement lui fit des avances
qu'un malentendu empêcha Chateaubriand d'accepter ; quand le ministère Martignac amena au
pouvoir les amis de Chateaubriand (janvier 1828),

il reçut l'ambassade de Rome ; il la quitta à la
chute du ministère Martignac (8 août 1829) ;
enfin la Révolution de Juillet le rendit à la vie
privée.

Sur toute cette période de la Restauration,
Collombet a écrit des chapitres très intéressants,
remplis de faits, enlevés d'une plume alerte ; il
s'y révèle polémiste presque brillant : on dirait
qu'il a pris à Chateaubriand lui-même quelque
chose de sa manière serrée, vive et spirituelle.
C'est en réalité l'histoire de Louis XVIII et de
Charles X faite par un ultra de 1815 et puisée aux
bonnes sources ; et même, quittant le ton du critique, il se laisse entraîner aux violences de la polémique ; ainsi à propos des discussions religieuses
qui s'élevèrent sous Charles X, il écrit comme un
appendice à son *Histoire de la suppression des
Jésuites au* xviiie *siècle.* Par endroits, on ne sait
plus si Collombet fait l'histoire de Chateaubriand
ou celle de Thiers. Assurément il était difficile,
dans ce travail, de se borner au seul Chateaubriand ; mais Collombet dépasse les bornes, et la
forme aisée de ses digressions ne rachète pas leur
longueur et surtout leur inutilité. L'appréciation
de Collombet est un éloge continu de la vie publique de Chateaubriand : « Homme d'État, disait
celui-ci dans la conclusion de ses *Mémoires d'Outre-Tombe,* je me suis efforcé de donner aux peu-

ples le système de la monarchie pondérée, de
replacer la France à son rang en Europe, de lui
rendre la force que les traités de Vienne lui
avaient fait perdre [1]. » Collombet prend ces déclarations au pied de la lettre et fait honneur à
Chateaubriand de tous les résultats heureux que
la Restauration dut à l'habileté de Talleyrand, de
Decazes et de Villèle. C'est Talleyrand qui, au
Congrès de Vienne, eut l'honneur de remettre la
France sur le pied d'égalité avec les grandes nations victorieuses, l'Angleterre, la Russie, l'Au-
triche et la Prusse. C'est Decazes, qui par sa
fermeté, brisa pour un temps les entreprises réac-
tionnaires de l'extrême droite ; c'est de Villèle
qui, resté plus de six ans au pouvoir, servit la
France par une politique d'habileté, d'énergie
et d'intelligence, avant d'encourir le juste mécon-
tentement de tous les partis.

Un seul acte important fut conçu, préparé et
dirigé par Chateaubriand : la guerre d'Espagne.
Notre armée s'y couvrit de gloire : « la cocarde
blanche était réhabilitée », comme dit Chateaubriand ; mais Ferdinand VII ne gagna rien en
popularité, et la malheureuse péninsule fut écra-
sée sous un despotisme aussi rigoureux qu'avant ;
l'influence de la France au delà des Pyrénées fut

---

[1] Edit. Biré, t. VI, p. 474.

compromise plutôt que fortifiée et surtout cette
expédition violait, comme l'a dit Guizot, « le
principe tutélaire de l'indépendance intérieure
des nations ». Cette expédition, que Chateaubriand appelle magnifiquement le *René de sa politique* lui enfla le cœur d'une si grande vanité
qu'il se crut digne de la présidence du Conseil :
il prit envers M. de Villèle une attitude telle, que
celui-ci manœuvra pour l'obliger à donner sa démission (6 juin 1824). L'Achille de la légitimité [1],
comme dit spirituellement Collombet, exhala sa
colère dans les colonnes du *Journal des Débats* ;
du 21 juin 1824 au 18 décembre 1826, il mena
contre le ministère une campagne retentissante,
avec un talent que Sainte-Beuve lui-même, rebelle au génie politique de Chateaubriand, ne
peut se défendre d'admirer. « On doit l'en blâmer, dit Collombet : il affiche un tel dédain pour
les grandeurs, qu'il pouvait bien sortir du ministère sans jeter tous ces éclats de colère, ni se ran-
ger avec les démolisseurs de la monarchie. Néanmoins si un sujet fidèle est tenu à des devoirs
envers son roi, il nous semble que la royauté
n'est jamais dégagée de tout égard envers un serviteur, surtout quand il se nomme Chateaubriand,

---

[1] Cette expression a été reprise par Sainte-Beuve, mais
légèrement modifiée : « l'Achille du Royalisme » (t. II,
p. 418).

et c'est ce qui atténue grandement à nos yeux les
torts incontestables de l'écrivain, trop jaloux de
venger le ministre » (p. 289.)

Nous ne nous arrêterons pas aux autres événements de la vie politique de Chateaubriand. Il est
juste de proclamer combien Chateaubriand fut le
serviteur dévoué de la légitimité en exil ; avec un
désintéressement de chevalier, il resta debout
dans sa fidélité aux Bourbons de la branche aînée,
alors que tant d'autres violaient leurs serments.
Dans sa vie publique, il fut, selon son expression
un homme de liberté et d'honneur [1] ; mais il n'eut
pas, comme Grandperret le fait justement observer, « le respect, le culte du principe d'autorité ».
Nous ne lui reprochons pas de n'avoir pas donné
son adhésion aux gouvernements successifs : « Il
y a des hommes, disait-il superbement, qui après
avoir prêté serment à la République une, indivisi-
ble, au Directoire en cinq personnes, au Consulat en trois, à l'Empire en une seule, à la première Restauration, à l'*Acte* additionnel, aux
constitutions de l'Empire, à la seconde Restauration, ont encore quelque chose à prêter à Louis-
Philippe : je ne suis pas si riche [2]. »

---

[1] *Mémoires*, éd. Biré, t. V. p. 609.
[2] *Id.*, t. V, p. 425 (citation tirée de la brochure intitulée : *De la Restauration et de la monarchie élective*,
1831).

Chateaubriand n'a pas pratiqué l'art des volte-face et des trahisons, et c'est pourquoi il reste le dernier chevalier servant de la légitimité, mais il faut bien reconnaître que le parti dont il a ambitionné d'être le chef n'a jamais pu avoir pleine confiance en lui : *ultra* déterminé, il lance contre Decazes et les libéraux modérés son pamphlet de *la Monarchie selon la Charte ;* il froisse tous les esprits indépendants, dans son livre sur *la Vie et la mort du duc de Berri ;* entré au ministère, il ne rêve que de séparer son action de celle de ses collègues ; après sa chute, il entre en coquetteries réglées avec l'opposition, et lance à l'assaut du ministère Villèle les forces coalisées de l'extrême-droite et de la gauche ; Béranger et Carrel deviennent les amis de celui qui applaudissait à l'expulsion de Manuel ; le triomphe de la monarchie de Juillet le ramène violemment à ses idées ultra-royalistes, et il est avec excès, si l'on peut dire, le dévot de la légitimité au renversement de laquelle il a contribué. A partir de ce moment, il est irréductible ; il tire avec bonheur l'horoscope de la monarchie bâtarde de Juillet, il donne aux exilés de Prague des conseils empreints d'une profonde sagesse et d'un véritable esprit politique. Mais il eût mieux fondé sa gloire d'homme d'Etat s'il avait eu l'art de diriger un parti, de suivre dans l'opposition comme au pouvoir une ligne

inflexible, de plier son caractère aux mécomptes
de la vanité, d'immoler ses rancunes à l'intérêt
supérieur du pays ou même de la légitimité.

Dans un morceau fameux, Chateaubriand cher-
chait à déterminer ce que serait l'*Avenir du
monde*[1]. Les prédictions de ce genre sont un
amusement dangereux, et l'avenir se charge d'in-
fliger un démenti à tous les prophètes, qui ont
cru lire son secret dans les rêves de leur imagination. Chateaubriand n'a pas échappé à cette loi
commune ; pourtant, il a compris les symptômes
de transformation sociale que son temps portait
en lui ; il a répété que l'Europe allait à la démo-
cratie, il a pressenti la crise que subirait la propriété, et, sévère pour les générations futures,
« sans foi politique et religieuse », il n'a vu en
elles que « des générations de passage, intermé-
diaires, obscures, vouées à l'oubli, formant la
chaîne pour atteindre les mains qui cueilleront
l'avenir ».

Que l'on croie ou non à l'intervention de la
Providence, on ne peut se défendre d'admiration
devant le spectacle de cette pensée, cherchant à
pénétrer le mystère de l'avenir, s'ouvrant à quelques-uns des problèmes modernes, et s'inclinant

[1] Ces pages parurent dans la *Revue des Deux-Mondes*
du 15 avril 1834. Plus tard, dans ses *Mémoires*, il les
reproduisit, mais avec des modifications notables.

devant la naissance providentielle d'un monde
nouveau. Voilà par où la politique de Chateaubriand, étroite, mesquine, rancunière, s'élève, en
définitive, au-dessus des petites intrigues, atteint
aux larges perspectives des horizons lointains, et
enrichit de conquêtes réelles la pensée humaine.

Collombet n'a pas signalé ces magnifiques en-
voléesde l'imagination de Chateaubriand ; lui que
les revendications romantiques avaient, un temps,
ému d'enthousiasme, il eût été digne de suivre
Chateaubriand dans ces voies nouvelles ; il a
mieux aimé demander à Bossuet et à Fénelon des
leçons de politique, leçons excellentes, certes, à
l'époque pour laquelle elles furent faites, mais
que le xixᵉ siècle avait complètement désavouées
pour le plus grand bien de la France et de l'humanité.

Telle est cette étude sur Chateaubriand, étude
un peu touffue, se perdant en digressions, « âpre
et injuste » chaque fois qu'il s'agit de dire leur
fait aux libéraux de 1850 ou à ceux qui paraissent
abandonner, comme Lamartine et Lamennais,
quelque chose de leurs anciennes croyances religieuses ; Collombet n'en a pas moins écrit un
livre d'une grande probité littéraire. Il a jugé
Chateaubriand avec infiniment de respect, mais
sans chercher les formules d'une obséquieuse
admiration. Sans qu'il ait atteint à la perspicacité

lumineuse, à l'analyse pénétrante, à la manière
poétique de Sainte-Beuve, il a, dans un livre sérieux, fait tenir toutes ses qualités de jugement,
de goût, d'érudition, et, nous le répétons volontiers, un tel livre, écrit au lendemain de la mort
de Chateaubriand, honore son auteur.

# CONCLUSION

En 1875, la ville de Saint-Malo inaugurait la statue de Chateaubriand. L'Académie de Lyon se fit représenter à cette fête des lettres par son président, Paul Sauzet; quelle voix plus éloquente était digne de célébrer l'admirable écrivain et le chevaleresque homme d'Etat : l'ancien président de la Chambre des députés, dont ce discours devait être le dernier, parla de Chateaubriand avec une religieuse émotion. Il disait :

« L'âme généreuse et prévoyante de Chateaubriand s'était dévouée à la cause de la monarchie traditionnelle et constitutionnelle. Garder les principes qui ne passent pas, satisfaire les besoins qui changent sans cesse, unir la tradition des siècles aux aspirations du siècle, être, enfin, tout à la fois de sa race et de son temps, telle fut la noble et sage devise de Chateaubriand.

« Malgré les fluctuations contraires, il y est resté invariablement fidèle; sa jeunesse a com-

battu pour ses princes, sa vieillesse s'est dévouée
à l'exil. Voilà pour la royauté. Sa carrière publique débuta par *la Monarchie selon la Charte*
et finit à la tribune de la Chambre des pairs en
foudroyant les Révolutions et les coups d'État.
Voilà pour la liberté. »

Les générations d'aujourd'hui sont plus sévères
pour Chateaubriand, car si les fêtes du cinquan-
tenaire l'ont remis en pleine lumière, les fissures,
pourtant, ont éclaté sur plusieurs points dans le monument littéraire et politique qu'il nous a laissé. On
lui a demandé compte de ses inexactitudes et de ses
vantardises de voyageur; on a fait sortir des por-
tefeuilles jaunis certaines correspondances amoureuses de René, où la vanité et l'égoïsme du pauvre
grand homme s'étalent dans toute leur misère; on
a soulevé de nouveau la question de sa sincérité
religieuse, et on s'est aperçu que Sainte-Beuve ne
l'avait pas calomnié quand il faisait de son pèleri-
nage à Jérusalem un simple rendez-vous d'amour.
Seul le grand écrivain est resté debout, et il ne
craint rien des révolutions du goût, car il a fait
de sa langue une merveille incomparable d'harmonie et de grandeur.

Lyon peut être fier, à bon droit, que son nom
se trouve souvent rapproché de celui d'un si
puissant artiste. Chateaubriand fit à Lyon de très
nombreux séjours, et même, quand les hasards de

sa vie errante le dirigeaient ailleurs, il restait en
contact avec l'âme lyonnaise par les Lyonnais qui
furent ses amis. La mort seule sépara de lui le
fidèle Ballanche (12 juin 1847); J.-J. Ampère tint
toujours une place dans son intimité; Ozanam,
Quinet, V. de Laprade furent reçus à l'Abbaye -
aux-Bois, et contemplèrent l'illustre vieillard dans
ce salon immortel, où M^{me} Récamier l'entoura de
tant de bonté, de tant de dévouement et de tant
de beauté rayonnante. « Quand les cruelles infir-
mités des dernières années de sa vie, disait
P. Sauzet, vinrent emprisonner son corps sans
énerver son âme, Chateaubriand retrouva Lyon
sous les traits de M^{me} Récamier. Cette célèbre
Lyonnaise, qui avait ébloui l'Europe par sa ra-
dieuse beauté, dut, trente ans plus tard, à son
attrayante bonté, l'honneur d'un second règne
qu'elle consacra tout entier à consoler la vieillesse
du Génie. Elle en déféra le sceptre à Chateaubriand, il trôna seul environné de cette élite fidèle
qui avait remplacé le flot d'adorateurs évanouis
avec le passé. Tous les honneurs furent pour
sa renommée, tous les dévouements pour sa personne, et quand vinrent les moments suprêmes,
son incomparable amie l'entoura des soins si
purs, si touchants de la piété filiale, et l'aida à
mourir dans la paix, comme elle l'avait fait vivre
dans l'encensement de sa gloire. Elle lui survécut

peu ; sa mission était finie, il lui semblait qu'elle avait perdu, désormais, le mobile de sa vie ; sa douleur affecta les sources mêmes de l'existence et la livra sans défense et en moins d'une année au fléau dévastateur. Ainsi, Lyon avait offert à Chateaubriand sa première palme littéraire, et ce furent des mains lyonnaises qui tressèrent sa couronne funèbre. »

De son côté, Chateaubriand était attentif aux événements de Lyon, et nul peut-être parmi les prophètes politiques n'a si justement et si profondément jugé le soulèvement de 1831. Le 15 décembre 1831, il écrivait aux rédacteurs de la *Revue européenne* une lettre qui est un chef-d'œuvre : le problème social lui paraît porté à sa forme aiguë par les ouvriers de Lyon, et de la solution du conflit il dégage des conclusions qui dépassent singulièrement les petits calculs et les pronostics mesquins des amis et des ennemis de la légitimité. Cette *affaire de Lyon* lui apparaît comme le prélude d'une Révolution sociale, qui atteindra la propriété. Quelle intuition de l'avenir, quelle ironie contre l'impuissance radicale de l'heure présente, dans cette page admirable qu'il faut citer tout entière : « Que les diverses oppositions placées en dehors du Gouvernement aient admiré l'ordre établi dans le désordre par les ouvriers de Lyon, cela se conçoit, mais que mes-

sieurs les gens de ce Gouvernement soient eux-
mêmes tombés en extase ; qu'ils n'aient pas compris que cet ordre les tuait, que cet ordre annonçait la fin d'une société et le commencement d'une
autre société, la ciose est étrange ! Les ministériels sont entrés en jouissance de la béatitude
politique à la vue de ces ouvriers qui avaient
ciassé une garnison, forcé les gardes nationaux
à se dépouiller de leur iabit, suspendu l'impôt,
obligé i opérer contre eux, en iiver, avec une
dépense considérable, le déplacement d'un corps
de vingt mille iommes ; de ces ouvriers qui
avaient fait du préfet leur secrétaire, qui dictaient
aux fabricants leurs conditions ; de ces ouvriers
qui négociaient, envoyaient des ambassadeurs,
traitaient d'égal i égal avec la monarciie de
Piilippe ; certes, ces bons ministériels ont le cœur
aussi pacifique que l'esprit ouvert. Il faut remon-
ter douze siècles en arrière pour trouver dans un
autre ordre de faits quelque ciose de semblable à
ceci, alors que les barbares imposaient des tributs
aux empereurs, et que ces empereurs, dont l'orgueil égalait la dégradation, appeláient Attila *un
général Hun à la solde de l'empire romain*.....

« ... Si le mouvement de Lyon eût été politique,
il eût emporté la quasi-légitimité, ses ministres,
serviteurs, espions et consorts. Ce mouvement
n'a été que social ; il ne sape que les fondements

de la société établie, Dieu soit béni! battez des
mains! le juste milieu est sauvé pour quelques
jours! »

Donc, c'est en se fixant sur un événement lyonnais que la pensée de Chateaubriand a produit
une de ces divinations qui sont réservées au
génie. Ainsi Lyon a fait vibrer en bien des
circonstances l'âme d'artiste de Chateaubriand, ·
Lyon a élargi ses conceptions d'homme politique.
C'est pourquoi Lyon est inséparable du nom du
grand écrivain, moins, assurément, que les forêts
vierges et les déserts de l'Amérique, ou que Rome
et sa campagne majestueuse et désolée — assez,
pourtant, nous l'espérons, pour justifier cette
modeste étude d'histoire lyonnaise.

# APPENDICE

## SAINTE-BEUVE ET CHATEAUBRIAND

# APPENDICE

## SAINTE-BEUVE ET CHATEAUBRIAND

———

Il a été souvent question au cours de ce volume de Sainte-Beuve et du jugement qu'il a porté sur Chateaubriand. Nous demandons la permission de reproduire ici une étude sur les rapports des deux écrivains, parue dans *Minerva*, numéro du 1er décembre 1902.

Sainte-Beuve ne passe pas pour avoir excité de bien vives sympathies : son intelligence alerte attirait, mais son scepticisme et sa mobilité d'humeur rebutaient les meilleures volontés. Le premier mouvement de sa nature le portait avec ardeur vers les personnes comme vers les idées ; dans la ferveur de ses nouveaux sentiments, il s'ouvrait et se donnait sans réserve ; puis le désenchantement venait, l'inlassable curiosité de son âme relâchait des liens qu'on aurait cru solides, et l'inconstant ami portait à d'autres son admiration. L'histoire de Sainte-Beuve enregistre une série de liaisons qui se remplacent et de ruptures qui se succèdent. Dubois, Victor Hugo, Lamennais, et tant d'autres connurent, et à de courts intervalles, les transports de son amitié, et les duretés de son indifférence.

Chateaubriand ne fut pas, à proprement parler, l'*ami* de Sainte-Beuve : l'âge, la gloire, la situation sociale mettaient entre eux une distance que le sentiment même ne pouvait remplir. Du moins Chateaubriand eut un goût assez vif pour Sainte-Beuve, et il l'admit à l'honneur de le voir et de l'entendre dans l'intimité de l'Abbaye-aux-Bois. Or, le grand écrivain, après sa mort, n'eut pas, nous dit-on, de plus violent détracteur que Sainte-Beuve.

Nous ne voulons pas renouveler la polémique suscitée par le livre récent de M. l'abbé Bertrin, *la Sincérité religieuse de Chateaubriand* (1900). La cause est entendue : Sainte-Beuve, traité de faussaire, a été rétabli dans sa réputation de critique honnête ; s'il a porté contre Chateaubriand un arrêt sévère, du moins il n'a pas fabriqué les documents accusateurs.

Mais a-t-ou marqué assez exactement l'évolution des sentiments de Sainte-Beuve à l'égard de Chateaubriand ? Nous ne le croyons pas. La postérité, certes, ne saura jamais les véritables raisons qui, dans ce cas particulier, transformèrent l'enthousiasme de la première heure en malveillance. Nous n'avons pas sur ce point reçu les confidences des intéressés : Chateaubriand n'a jamais, de son vivant, soupçonné cette hostilité ; quant à Sainte-Beuve, il nous a laissé le soin de chercher son secret.

Essayons de grouper les principaux passages consacrés à Chateaubriand par le critique et de dégager, avant l'explosion de 1848, les sourds grondements, précurseurs de la rupture.

## I

Sainte-Beuve nous a lui-même raconté comment il fut, en 1828, présenté à Chateaubriand par Ville-main [1]. Sainte-Beuve, qui avait alors la manie, n'étant pas encore un grand homme, de se juger indispensable aux grands hommes, se posa, à cette première entrevue, en intermédiaire entre Chateaubriand et les romantiques : « Chateaubriand, dit-il, avait fort connu Victor Hugo, mais il ne le voyait pas alors ; je faisais de mon mieux ma fonction de critique-truchement et négociateur. » Pour servir ses desseins, il multiplie les avances à l'auteur du *Génie.* Comme il n'avait eu l'occasion, au *Globe,* que d'orner le nom de Chateaubriand des épithètes d'*homérique* et de *sophocléen* [2], il s'empresse de lui accorder une place d'honneur dans son *Joseph Delorme* : il le célèbre en vers [3], il emprunte des épigraphes à *René* [4], il lui fait hommage de son admiration dans les *Pensées* qui terminent l'ouvrage [5]. C'est encore sous le patronage

---

[1] *Portraits contemporains,* t. I, p. 75. La date de 1829, consignée à cet endroit, n'est corrigée que dans l'*errata* du tome II. Cependant, M. G. Michaut, signalant un billet inédit de Villemain à Sainte-Beuve, qu'il devait présenter à Chateaubriand, le date du 8 juillet 1829 (*Revue d'histoire littéraire,* janvier-mars 1902).

[2] Cf. *C.-A. Sainte-Beuve,* par M. d'Haussonville, p. 30.

[3] Voir la pièce intitulée *Promenade,* p. 78 (édition Charpentier, *Poésies complètes*).

[4] Cf. *Ibid.,* p. 97, 100, 103.

[5] *Ibid.,* p. 133.

de Chateaubriand que Sainte-Beuve ouvre le livre des
*Consolations* [1].

Mais l'union rêvée entre Chateaubriand et Victor
Hugo ne s'accomplissait pas. La jeune école romantique, rendue plus audacieuse par ses nouvelles victoires, s'irritait, à la veille d'*Hernani*, de ne pouvoir
arracher à son illustre précurseur une parole d'encou-
ragement. Tout au plus Chateaubriand daigna-t-il,
autour de 1830, faire une « distribution calculée,
intéressée et médiocrement sincère, de témoignages
et de récompenses, de *satisfecit*, aux différents chefs
des jeunes écoles, déjà produites en dehors de lui [2] ».
Sur ces entrefaites, la monarchie de Charles X som-
brait, et l'ancien ministre de la Restauration, un
moment porté en triomphe par la jeunesse des écoles,
prononçait non pas les paroles d'avenir qu'on espé-
rait, mais un adieu attendri au passé et un serment de
fidélité en quelque sorte posthume à la monarchie
tombée. Sainte-Beuve, qui traversait alors sa crise
aiguë de romantisme, crut le moment venu d'exprimer les ambitions qui s'agitaient au sein des jeunes
générations, et d'opposer Victor Hugo à Chateau-

---

[1] Cf. l'épigraphe empruntée en partie à *René*, et la préface, où il parle du « génie de René », p. 203.

[2] *Chateaubriand et son groupe littéraire*, t. II, p. 430.
Pourtant il ne faudrait pas croire qu'en ce temps-là on fût
hostile au Romantisme à l'Abbaye-aux-Bois. Ch. Lenormant écrit, le 8 avril 1830, à J.-J. Ampère, professeur à
l'Athénée de Marseille : « Que pensez-vous d'*Hernani*? En
avez-vous parlé à vos six cents auditeurs ? Il me semble
que c'est à vous de pousser un peu là-bas l'école nouvelle »
(M^me Récamier, *les amis de sa jeunesse et sa correspondance intime*, p. 285).

briand ; il écrivait au *Globe*, le 19 août 1830 : « Tandis que Chateaubriand, vieillard, abdique noblement la carrière publique, sacrifiant son reste d'avenir à l'unité d'une belle vie, il est bien que le jeune homme (Hugo), qui a commencé sous la même bannière, continue d'aller en dépit de certains souvenirs, et subisse sans se lasser les destinées diverses de son pays. Chacun fait ainsi ce qu'il doit, et la France, en honorant le sacrifice de l'un, agréera les travaux de l'autre. » Cet article émut, paraît-il, les amis de Chateaubriand, qui jugeaient déplacé le mot de *vieillard*, et qui espéraient faire revenir Chateaubriand sur sa détermination. Mais Sainte-Beuve, dans son désir d'imposer Victor Hugo au libéralisme vainqueur, avait prédit juste : Chateaubriand ne reparut plus dans l'arène des partis.

Sainte-Beuve, emporté par son ardeur *hugolâtre*, rabaissait même la valeur littéraire de Chateaubriand. « Une bien forte part de sa gloire, écrivait-il en septembre 1831, plonge déjà dans l'ombre... On commence à croire que, sans cette tour solitaire de René, qui s'en détache et monte dans la nue, l'édifice entier de Chateaubriand se discernerait confusément à distance [1]. » Ainsi se terminait, sur un mot malveillant, la première période de ces relations, qui demeurèrent interrompues près de trois ans [2].

---

[1] *Portraits littéraires*, t. I, p. 265.

[2] Béranger écrivait le 22 avril 1834 : « Hugo vient de se brouiller avec Sainte-Beuve, qui s'est réconcilié avec Chateaubriand, qu'autrefois il accusait de jalousie contre le chef de la jeune école », cité par Sainte-Beuve, *Portraits contemporains*, t. I, 78, note. — En 1833, Sainte-

## II

En 1834, Chateaubriand, résolu à ne publier ses *Mémoires* qu'après sa mort, voulut cependant pressentir la critique sur son nouveau livre : était-il digne de ses aînés? une autobiographie ne serait-elle pas noyée dans l'immense épopée de la Révolution et de l'Empire? C'est alors que M^me Récamier organisa, à l'Abbaye-aux-Bois, ces lectures, dont les contemporains nous ont laissé l'inoubliable souvenir.

En cette occasion, il était difficile de tenir Sainte-Beuve à l'écart : ses articles de la *Revue de Paris* et de la *Revue des Deux Mondes* avaient fortement établi sa réputation de critique; il était, dans ce genre secondaire, une véritable puissance. Jean-Jacques Ampère, qui avait connu Sainte-Beuve au *Globe*, et qui l'aimait avec passion, le présenta à l'Abbaye-aux-Bois [1].

Sainte-Beuve, qui d'ailleurs était déjà détaché de

Beuve applaudit à l'acquittement de Chateaubriand, prononcé par le jury; cependant, il terminait son article par cette admonestation au légitimiste impénitent : « A partir de ce jour, M. de Chateaubriand est encore reconquis à la France; mais, qu'il y songe, il n'appartient qu'à elle désormais »; 1^er mars 1833. *Chronique littéraire*, dans la *Revue des Deux Mondes*, reproduite dans les *Premiers Lundis*, t. II, p. 170-184.

[1] L'année d'avant, déjà, Ampère avait intéressé M^me Récamier à Sainte-Beuve, la priant d'intervenir auprès de Guizot, alors ministre de l'Instruction publique, pour qu'il donnât à Sainte-Beuve la chaire de maître de conférences à l'École normale (cf. d'Haussonville, p. 94).

Victor Hugo, fut séduit par le monde brillant dans lequel on l'introduisait ; quel honneur de fréquenter à l'Abbaye-aux-Bois ! et surtout d'être invité aux fameuses lectures ! Nisard n'était pas au nombre des privilégiés, et Jules Janin se fût contenté de se mettre « à genoux sur le seuil de la porte, et de prêter l'oreille, à travers la serrure[1] » ! Sainte-Beuve pouvait-il ne pas avoir la tête tournée par une distinction si flatteuse ? Pouvait-il garder son indépendance de critique, juger froidement l'œuvre nouvelle, se défendre des frémissements d'enthousiasme qui parcouraient l'auditoire ?

« Un soir, dit A. Barbier, au haut de la rue des Saints-Pères je trouvai Sainte-Beuve dans un état de vive émotion. Il venait d'entendre à l'Abbaye-aux-Bois, chez M^me Récamier, la lecture d'une partie des *Mémoires* de Chateaubriand. Selon lui, c'était magnifique ; jamais le vieux Breton n'avait été si haut[2]. »

Et Sainte-Beuve était sincère, quoi qu'en dise A. Barbier.

Son admiration s'est épanchée dans l'article publié

---

[1] *Lectures des Mémoires de M. de Chateaubriand*, p. 93.

[2] *Souvenirs personnels et silhouettes contemporaines*, p. 315-322. Faisons cependant remarquer que les souvenirs de Barbier sur Sainte-Beuve offensent quelquefois la vérité : d'abord, est-il vrai, comme il le dit, qu'en 1834 Sainte-Beuve songeait à l'Académie (où il n'entrera qu'en 1844) et qu'il voulût s'assurer l'appui de M^me Récamier? ensuite, il ne devrait pas ignorer que c'est à Liège, et non à Lausanne, que Sainte-Beuve écrivit « deux volumes d'éreintement sur le vieux Sachem ».

par la *Revue des Deux Mondes*, le 15 avril 1834. Cet
article, qu'on s'accorde à ne pas lui pardonner, doit
être, non pas rapproché de *Chateaubriand et son
groupe littéraire*, mais lu à côté des autres articles
faits à l'époque même de ces lectures. Replacé ainsi
dans son milieu, il prend un caractère bien différent.

Qui donc fut moins élogieux alors que Sainte-Beuve?
Est-ce Edgar Quinet, qui appelait ces *Mémoires* le
« véritable poème héroïque des cinquante dernières
années [1] »? Est-ce Jules Janin, qui, dans un élan
d'admiration quasi filiale, s'écriait : « Qu'avons-nous
donc fait à M. de Chateaubriand, nous autres, nous
les admirateurs de son génie, nous les enfants élevés
sous son regard poétique, nous dont il a préservé la
jeunesse du faux scepticisme et de l'ironie voltai-
rienne? Qu'avons-nous donc fait au grand poète pour
qu'il ne nous ait pas admis dans les confidences presque posthumes de son génie [2]? » Est-ce Nisard enfin,
Nisard, moins souple, moins suspect de complaisance
que Sainte-Beuve? Nisard, qui n'assistait pas aux
lectures, et qui ne tint que deux heures entre ses
mains le fameux manuscrit [3], écrivit un article aimable, gracieux, lyrique : « A Chateaubriand, disait-il,
nous avons donné toutes les louanges que le cœur

---

[1] *Revue de Paris*, avril 1834.

[2] *Revue de Paris*, mars 1834.

[3] Sainte-Beuve en avait, lui, une « exacte et complète
connaissance », comme le dit une note du directeur de la
*Revue des Deux Mondes*, t. I, IIIe série, 6e livraison. Ceci,
pour l'indiquer en passant, aide à répondre à l'accusation
que M. l'abbé Bertrin a portée si à la légère contre Sainte-
Beuve, et que M. J. Troubat a définitivement ruinée
(*Revue d'histoire littéraire*, 15 juillet 1900).

fait trouver ; nous l'avons mis à la tête de tous les écrivains de notre âge, poètes et prosateurs, et au même rang que les plus grands noms de notre littérature ;... nous l'avons lu et appris par cœur ; nous lui avons fait hommage de toutes nos réputations naissantes ; nous avons déposé à ses pieds toutes nos couronnes, comme d'humbles écoliers aux pieds de leur maître [1]. »

Sainte-Beuve, à son tour, a trouvé, pour traduire son admiration, des accents d'une émotion et d'une poésie indéfinissables : « Embrassons, s'écrie-t-il, étreignons en nous ces rares moments, pour qu'après qu'ils auront fui ils augmentent encore de perspective, pour qu'ils dilatent d'une lumière magnifique et sacrée le souvenir. Cour de Ferrare, jardins de Médicis, forêt de pins de Ravenne où fut Byron, tous lieux où se sont groupés des génies, des affections et des gloires, tous Édens mortels que la jeune postérité exagère toujours un peu et qu'elle adore, faut-il tant vous envier ? et n'enviera-t on pas un jour ceci ? »

Mais après cette effusion d'un lyrisme pénétrant, Sainte-Beuve reprend le ton du critique. Insistons sur ce point que, seul de tous les articles écrits sur les Lectures, le sien contient une appréciation générale de l'œuvre de Chateaubriand ; Sainte-Beuve, à tout moment, dépasse le cadre d'un simple récit, et c'est bien un portrait littéraire qu'il crayonne. Les traits qu'il distingue, il les reprendra plus tard, en appuyant davantage ; mais peut-on dire qu'il modifiera son jugement ?

La plupart des réserves que Sainte-Beuve fera dans

---

[1] *Lectures des Mémoires*, préface, p. 4 et 5.

son cours de Liège sont en germe dans cet article ; le
ton, en 1849, ne sera plus le même : au lieu de glisser
sur le défaut, il insistera, quelquefois avec mauvaise
humeur ; mais, à travers les atténuations obligées, l'article de 1834 contient déjà la vraie pensée de Sainte-
Beuve sur Chateaubriand.

Sur le style divin du « grand enchanteur », et sur
la politique du ministre de la Restauration, Sainte-
Beuve passe rapidement[1].

En revanche, il s'attarde longuement aux idées
religieuses de Chateaubriand. Nous touchons ici le
point délicat, et l'on ne saurait serrer les textes de trop
près.

Avant d'être l'auteur du *Génie du Christianisme*,
Chateaubriand avait publié un *Essai sur les Révolutions*, dont l'inspiration générale est sceptique et même
par endroits révolutionnaire. Ce livre sur lequel en
1834 les critiques ont fait un silence absolu, Sainte-
Beuve le mentionne à plusieurs reprises ; il le fait rentrer dans l'enceinte du « grand monument poétique,
religieux et politique de Chateaubriand » et il retrouve
dans les *Mémoires* l'état d'esprit qui enfanta l'*Essai :*
« Il y a, dit-il, telle page de 1833 qui ressemble plus
à telle page de l'*Essai* que tout ce qui a été écrit dans
l'intervalle ; les rayons du couchant rejoignent l'aurore[2]. » Et ce n'est pas dans l'*Essai*, affaibli et en

---

[1] S'il avait eu le loisir d'insister sur le rôle politique de
Chateaubriand, il l'aurait montré sous la Restauration
« enferré fréquemment dans le chevaleresque et le parti
ultra et le dérivant par la louange ». Cf. notes prises par
Sainte-Beuve sur les *Mémoires*, et publiées par M. J. Troubat. *ibid.*

[2] *Lectures*, p. 120.

quelque sorte renié par son propre auteur en 1826,
lorsqu'il en publia une édition annotée, que Sainte-
Beuve va chercher le point de départ de la pensée de
Chateaubriand; non, c'est bien l'*Essai*, tel qu'il
parut à Londres en 1797, que Sainte-Beuve rapproche
ainsi des *Mémoires :* « Il m'arrive à chaque page, dit-
il, en lisant l'*Essai*, d'être de l'avis du jeune homme
contre l'auteur des notes, que je trouve trop sévère,
trop prompt à se condamner[1]. » Les contradictions
que Saint-Beuve poursuivra plus tard avec une ironie
implacable étaient annoncées en quelque sorte dans
cette phrase.

Est-ce à dire que Sainte-Beuve ne croit pas à la
sincérité religieuse de Chateaubriand? Il n'exprime
pas sa pensée à cet égard; mais il nous prévient que
pour faire l'histoire religieuse de cette âme il faut en
demander le secret à cet aveu des *Mémoires :* « Quand
les semences de la religion germèrent la première fois
dans mon âme, je m'épanouissais comme une terre
vierge qui, délivrée de ses ronces, porte sa première
moisson. Survint une bise aride et glacée, et la terre se
dessécha. Le ciel en eut pitié; il lui rendit ses tièdes
rosées, puis la bise souffla de nouveau. Cette alternative de doute et de foi a fait longtemps de ma vie un
mélange de désespoir et d'ineffables délices[2]. »

Ces contradictions, ces luttes entre l'esprit chrétien
et le scepticisme n'inspirent à Sainte-Beuve, en 1834,
qu'une indulgente sympathie. Lui-même traversait
alors sa crise religieuse, et il allait décrire, dans

---

[1] *Lectures*, p. 118.
[2] Cité par Sainte-Beuve, *ibid.*, p. 116.

*Volupté*, avec quelle finesse de style et quelle subtilité d'analyse, les propres combats que se livraient en
lui-même ses velléités de croire et les passions du
monde. Dans l'âme de Sainte-Beuve, celles-ci l'em-
portèrent, et voilà pourquoi, en 1849, la confession
mélancolique de René lui inspirera moins de pitié que
de sarcasmes hautains.

Ne peut-on pas conclure qu'en un temps où les critiques faisaient retentir comme un vaste chœur de
louanges en l'honneur de Chateaubriand, seul Sainte-
Beuve a insinué des réserves, non pas même sur des
points de détails, mais sur le fond même de l'âme de
René? Sans doute il n'exprime pas toute sa pensée ;
il écrit en homme du monde, en invité reconnaissant
de cette femme nciomparable qui veillait avec un art
consommé sur la gloire de Chateaubriand. Cependant
il sait, dans cette relation en quelque sorte officielle
des *Lectures*[1], conserver son indépendance, laisser
percer des vérités un peu dures, mais qu'il enveloppe
de compliments d'ailleurs mérités, et tracer les premiers linéaments du portrait définitif qu'il achèvera
devant ses auditeurs de Liège.

## III

Cet article marque le début d'une période, dans
laquelle Sainte-Beuve et Chateaubriand rivaliseront

---

[1] Remarquons que l'article de Sainte-Beuve précédait
la publication du beau fragment des *Mémoires*, intitulé
*l'Avenir du monde;* par là encore le rôle de Sainte-Beuve
était comme tracé à l'avance, une certaine discrétion lui
était imposée.

de courtoisie, de prévenance, et même d'estime réciproque[1].

Dans *Volupté*, Sainte-Beuve traduit avec feu les transports d'admiration dont Amaury fut saisi à la lecture de *René* : « Combien d'autres, depuis vingt ans, s'écrie l'auteur, ont frémi ainsi et se sont crus en face d'eux-mêmes devant ce portrait immortel[2] ! » Chateaubriand n'attendit pas d'avoir rencontré dans le livre cet hommage pour adresser à l'auteur ses félicitations : « Je n'en suis encore qu'à la page 51 ; mais je vous le dis sans flatterie, je suis ravi. Le détail de cette jeunesse et de cette famille est enchanté. Comment n'ai-je pas trouvé le *blond essaim au-dessus de la tête blonde*, et *ces deux vieillards et ces deux enfants entre lesquels une révolution a passé* et *les torrents de vœux et de regrets aux heures les plus oisives*, et *cette voix incertaine qui soupire en nous et qui chante, mélodie confuse, souvenir d'Eden*, etc...

---

[1] Chateaubriand remercia Sainte-Beuve de son article par la lettre suivante :

« Paris, 15 mai 1834.

« Votre analyse de mes *Mémoires*, Monsieur, est un véritable chef-d'œuvre, où vous parez ma vieillerie de tout l'éclat de votre talent et de votre jeunesse.

« Croyez que l'amour-propre flatté de l'auteur n'entre pour rien, Monsieur, dans les sentiments de reconnaissance et d'admiration que je m'empresse de vous offrir.

« CHATEAUBRIAND. »

(Lettre publiée par M. l'abbé G. Pailhès, *Chateaubriand, sa femme et ses amis*, p. 568; M. Pailhès hésite sur la date, et propose *mars* ou *mai* ; mars doit être écarté, puisque l'article de Sainte-Beuve parut le 15 avril).

[2] *Volupté*, édition Charpentier, p. 157.

Je pense avec la joie d'un poëte que je laisserai après
moi de véritables talents sur la terre[1]. »

De tels éloges, venus de si haut, allèrent, semble-t-il,
jusqu'à griser Sainte-Beuve qui, vers ce temps-là,
écrivit à la *Revue des Deux Mondes* (15 septembre)
un article sur Ballanche et y parla, au grand scandale
de ses amis du *National*, de cette « légitimité historique que nul publiciste spiritualiste ne conteste ».
On eût pardonné à Sainte-Beuve d'admirer l'imagination mystique, le style rêveur et caressant de
Ballanche; mais il avait donné assez de gages au parti
libéral pour qu'on n'attendît pas de sa part cette brusque évolution. L'Abbaye-aux-Bois exultait, mais au
*National* on boudait : les amis mêmes que Sainte-
Beuve avait parmi les rédacteurs du journal n'osaient
prendre sa défense. Bastide et Raspail se chargèrent
de traduire l'impression générale dans une lettre au
*National :* « Tous les hommes de cœur, disaient-ils,
avaient lu avec étonnement et indignation l'article de
Sainte-Beuve sur Ballanche. »

La rupture de Sainte-Beuve avec le *National* ne fit
que resserrer les liens qui l'unissaient au salon légitimiste de Mᵐᵉ Récamier. Cet étroit rapprochement
nous explique peut-être comment l'Abbaye-aux-Bois
laissa passer, sans protestation, la note fameuse que
Sainte-Beuve mit à son article de 1834 dans la réim-
pression qui en fut faite, en 1836, au tome II de ses
*Critiques et Portraits :* « Mais ai-je tout dit, dans
l'*Itinéraire*, de ce voyage commencé au port de Des-

---

[1] Lettre publiée par Sainte-Beuve, *Volupté*, édition
Charpentier, p. 389 (*Appendice*).

démone et d'Othello? Allais-je au tombeau du Christ dans les dispositions du repentir ? Une seule pensée m'absorbait, je comptais avec impatience les moments. Du bord de mon navire, les regards attachés sur l'étoile du soir, je lui demandais des vents pour cingler plus vite, de la gloire pour me faire aimer. J'espérais en trouver à Sparte, à Sion, à Memphis, à Carthage et l'apporter à l'Alhambra. » Cette « révélation sincère », comme l'appelle Sainte-Beuve, était au moins déplacée, et l'on s'étonne qu'aucun ami de Chateaubriand n'ait signalé publiquement l'indiscrétion. Chateaubriand, pour sa part, ne lisait pas beaucoup ; il travaillait d'ailleurs à son *Essai sur la littérature anglaise ;* cette année-là, les habitués de l'Abbaye-aux-Bois passaient la belle saison à Dieppe, y menaient une agréable vie, et y entendaient « les chants deux fois divins de Milton[1] », c'est-à-dire le *Paradis perdu* traduit par Chateaubriand. De plus, pouvait-on suspecter un homme qui, au même temps, multipliait les phrases aimables à l'adresse de ses illustres amis : « Dites à M. de Chateaubriand, écrivait-il à Ampère, combien nous sommes assurés que ses ennuis de traducteur nous vaudront un nouveau et unique monument , remerciez-le aussi des particulières bontés dont il m'a honoré dans tous ces temps, et dont je demeure si touché[2]. »

---

[1] Expression de Sainte-Beuve dans une lettre à Ampère, 15 juillet 1836, publiée par M. d'Haussonville, *Sainte-Beuve,* p. 95.

[2] L'histoire des rapports de M^me Récamier et de Sainte-Beuve sera faite dans une étude sur M^me Récamier, que prépare un professeur distingué, M. E. Herriot.

Cet ouvrage de Chateaubriand ne fut pas honoré d'un article par Sainte-Beuve : « Je me refusai tout net un jour, quoique j'en fusse très sollicité, à parler de l'*Essai sur la littérature anglaise*... J'en écrivis mes raisons détaillées à Ampère, et M. de Chateaubriand eut le bon goût de ne point m'en vouloir [1]. »

A cette époque se place l'épisode conté en détail par M. l'abbé Pailhès, de la publication des *OEuvres* de Fontanes : les deux noms de Chateaubriand et de Sainte-Beuve se trouvaient rapprochés en tête du livre, et le vieil ami de Fontanes s'honorait de collaborer avec le critique au « génie merveilleusement doué ».

Entre 1836 et 1840, l'amitié des deux hommes est à son apogée ; aucun nuage n'obscurcit l'éclat de ces années radieuses : le plus jeune offre respectueusement le tribut d'une admiration raisonnée et de louanges exquises ; le plus âgé descend des hauteurs de la gloire, et se laisse voir dans le charme de son intimité et la sincérité de son estime. Chateaubriand, seul parmi les contemporains, encourage Sainte-Beuve dans son dessein d'écrire, l'histoire de Port-Royal [2], et l'Abbaye-aux-Bois suit de loin, avec un intérêt charmant, le cours de Lausanne : « Nous avons lu avec un plaisir bien vif et bien général votre Discours *(Discours préliminaire de Port-Royal)*, lui écrivait Ampère le 9 janvier 1838 ; cela transportait un peu auprès de vous et faisait assister à votre cours autant qu'il se peut dans l'éloignement. Tout le monde en a été très content, y compris M. de Chateaubriand. On lui avait dé-

---

[1] *Portraits contemporains*, t. I, p. 80.
[2] *Port-Royal*, t. I, p. 550.

noncé une phrase comme attentatoire à la majesté du
xvii<sup>e</sup> siècle : c'est celle où vous montrez le xvi<sup>e</sup> et le
xviii<sup>e</sup> siècle se réunissant en dépit de ce qu'il a inter-
posé entre eux. M<sup>me</sup> Récamier et moi avons pris la
phrase pour la défendre[1].»

Sainte-Beuve, revenu à Paris, continua à fréquenter
l'Abbaye-aux-Bois ; le 25 octobre 1839, il écrivait ce
joli détail à son ami de Lyon, F.-Z. Collombet : « M. de
Chateaubriand va à merveille, et son esprit se rassé-
rène de plus en plus comme la cime des grands monts
dans les beaux soirs[2]. » Le charme devait opérer plusieurs années encore.

En 1842, l'article de Sainte-Beuve sur M<sup>me</sup> de Rémusat[3] provoqua un incident curieux ; le critique y
citait une page de Chateaubriand datée de 1813, et
copiée par lui sur un album de M<sup>me</sup> de Rémusat. La
citation était précédée de ces mots : « Je saisis avec
bonheur et je dérobe une page toute lumineuse signée
du nom de Chateaubriand. Rien de ce qui échappe à
certaines plumes ne saurait fuir et pâlir. M. de Chateaubriand porte de la grandeur, même dans la grâce ;
je me figure qu'Homère eût été Homère jusque dans
les proportions de l'Anthologie. Voici l'éclatant fragment. » Le morceau était joli ; Chateaubriand ne voulut pas le reconnaître, et M<sup>me</sup> Récamier fut chargée
de prévenir Sainte-Beuve de son erreur. « Il n'y avait

---

[1] *Port-Royal*, t. I, p. 518.
[2] Voir *Lettres inédites de Sainte-Beuve*, publiées par
C. Latreille et M. Roustan (Société française d'imprimerie
et de librairie, 1903).
[3] *Revue des Deux Mondes*, 15 juin 1842, inséré dans les
*Portraits de femmes*.

au désaveu de M. de Chateaubriand, dit une note postérieure du critique, qu'une petite réponse à faire et que je lis à peine, c'est que le fragment était écrit et signé de sa main sur le livre où je l'avais copié ». On le voit, Sainte-Beuve n'ose pas publiquement contredire le grand homme.

A quelques mois de là, dans une lettre à Collombet (4 février 1843), Sainte-Beuve immole à Chateaubriand toutes les célébrités contemporaines : « Ici rien de bien ; les astres poétiques continuent leurs ellipses ou paraboles. Lamartine s'en donne, Hugo prépare un drame, de Vigny tire par les cheveux des poèmes dits philosophiques. Nous en sommes tous à la troisième décoction de café. Chateaubriand, qui écrit une vie de l'abbé de Rancé, est encore le premier et le dernier. »

Durant cette année 1843, le nom de Chateaubriand revient souvent sous la plume du critique : dans ses *Chroniques* de la *Revue Suisse* [1], dans ses *Portraits* de la *Revue des Deux Mondes* [2], dans ses lettres à Collombet. Tant d'éloges n'étaient peut-être pas désintéressés, car Sainte-Beuve convoitait une place à l'Académie, et si ses anciens amis, les romantiques, forçaient vers ce temps-là les portes de la Compagnie, il savait bien qu'il ne pouvait plus compter désormais que sur leur hostilité. En revanche, le salon de l'Abbaye-aux-Bois était une puissance, et Sainte-Beuve,

---

[1] Cf. *Chroniques parisiennes*, p. 71 (fin juin 1843). p. 133 (3 novembre 1843), p. 153 (3 décembre 1843).

[2] Cf. *Portraits littéraires*, t. II, p. 421 (où Chateaubriand est appelé « l'éclaireur inquiet, éblouissant, le songeur infatigable »); *ibid.*, t. I, p. 516.

fort de l'appui de M^me Récamier, pouvait espérer le succès. Celle-ci l'avait aidé, en 1840, à obtenir le titre de conservateur à la Bibliothèque Mazarine, et dans sa lettre de remerciements Sainte-Beuve laissait voir ses ambitions secrètes: « Il est certaines choses, disait-il, que je me surprends maintenant à désirer et à croire possibles, avec une audace dont je n'avais pas idée avant-hier[1]. »

Le calcul de Sainte-Beuve était juste; le 14 mars 1844, il était nommé académicien, grâce à Chateaubriand, à Molé et à ses amis politiques.

Un mois après (15 avril 1844), il indisposa M^me Récamier dans l'article qu'il fit sur Benjamin Constant et M^me de Charrière. Le portrait de Benjamin Constant ne plut pas à l'Abbaye-aux-Bois: « M^me Récamier, disait plus tard Sainte-Beuve, crut devoir à sa mémoire de le justifier contre des vérités sévères[2]. » Elle chargea M. de Loménie, très en faveur à l'Abbaye depuis qu'il avait consacré un bel article à Chateaubriand, de protester contre la malveillance de Sainte-Beuve; Loménie s'acquitta de sa tâche avec chaleur et esprit: « Je ne sais, écrivait-il, sur quelle herbe janséniste avait marché ce jour-là l'élégant auteur de *Volupté;* mais il me semble, et il semble à beaucoup de personnes qui ont connu Benjamin Constant de longue date, qu'il y avait dans ces lettres matière à une apologie bien plutôt qu'à un réquisitoire[3]. » Sainte-Beuve ne répondit à cette défense

----

[1] Lettre citée par M. d'Haussonville, p. 192.
[2] *Portraits littéraires,* t. III, p. 282.
[3] *Galerie des contemporains illustres par un homme de rien,* t. VIII, p. 12.

courtoise que le 1ᵉʳ novembre 1845 ; mais, sur l'heure,
il n'eut qu'un désir, atténuer l'impression défavorable
qu'il avait produite à l'Abbaye-aux-Bois.

Pour cela il consentit à publier, le 15 mai 1844, un
article sur la *Vie de Rancé* : « Le critique, y lit-on,
quand il s'agit de M. de Chateaubriand, n'en est plus
un ; il se borne à rassembler les fleurs du chemin et
à en remplir sa corbeille[2]. » Mais le bouquet de
Sainte-Beuve était négligemment noué : au lieu de juger le livre, il analysait longuement la vie d'Armand-
Jean le Bouthillier de Rancé ; puis, revenant au biographe, il évoquait les « images voltigeantes » vers
lesquelles l'austérité du sujet avait rejeté Chateaubriand, et il citait les fameuses pages sur les *Lettres
d'amour*, qui ne font pas moins digression dans cet
article que dans le livre d'où elles sortaient.

Qui donc aurait le triste courage de reprocher à
Sainte-Beuve son indulgence pour *Rancé* ? Le clair-
voyant Boileau gardait-il envers Corneille devenu
vieux les égards dus au génie, quand il jugeait par
une exclamation *Agésilas* ou *Attila* ? Combien nous
aimons mieux Sainte-Beuve, qui proclame qu'un nouveau livre de Chateaubriand est un événement et qui
proteste de « l'avide et affectueuse vénération de
tous » pour le grand vieillard, que ses cheveux blancs
et sa gloire ont sacré deux fois de majesté[3].

---

[1] *Portraits contemporains*, t. III, p. 373.
[2] *Ibid.*, t. I, p. 39.
[3] Sainte-Beuve nous apprend que Chateaubriand le
remercia de cet article : mais il ne publie pas la lettre,
qu'il a perdue, dit-il. Dans la *Revue Suisse* (juin 1844),
il fit quelques réserves sur la valeur littéraire de *Rancé*,

Ce respect, Sainte-Beuve s'en départira quelques
années plus tard ; mais s'il fut coupable, l'est-il autant
que les maladroits amis de Chateaubriand, qui en ce
temps-là rivalisaient, semble-t-il, d'ardeur à le compromettre ? On sait quel scandale causa la publication
d'une lettre d'un vicaire de Saint-Thomas-d'Aquin
dévoilant les menées de quelques intrigants pour
mêler Chateaubriand aux dernières convulsions du
parti légitimiste [1]. Tant de perversité inconsciente arra-
chait à Sainte-Beuve des plaintes mélancoliques :

« Grand homme, ou du moins grand poète, génie
régnant, vous avez le manteau de pourpre et vous
vous y drapez, et nul trône en effet, de nos jours,
n'est plus légitime que le vôtre. Et voilà qu'un doigt
obscur vient y tracer insensiblement pour tous la
corde du tissu et vous tire à vue d'œil par la *ficelle*...
L'effet, il faut l'avouer, est déplorable [2] ! »

Vers le même temps, s'agitent les basses convoi-
tises autour du fameux ouvrage posthume de Chateaubriand. La *Presse* obtient, à prix d'argent, le privilège de publier les *Mémoires d'Outre-Tombe ;* et la
grande loyauté de Chateaubriand se débat en vain contre les hommes d'argent, par lesquels il s'est imprudem-
ment laissé lier les mains. Sainte-Beuve, qui flétrit
l'impudence des trafiquants de la *Presse*, déplore l'abus

mais il ajoutait : « C'est un trait honorable pour la
presse, en France, que le ton respectueux et l'absence
de critique au sujet de Chateaubriand. » Il nous est impossible de voir là, avec M. Biré, un de ces *coups dou-
bles* auxquels, d'après lui, Sainte-Beuve se complaisait
*(les Dernières Années de Chateaubriand*, p. 367).

[1] Voir le *Journal des Débats*, 30 août 1844.
[2] *Chroniques parisiennes.* p. 252 (5 septembre 1844).

étrange que l'on fait d'un grand nom : « Chateaubriand, dit-il, le voilà devenu, presque sans le vouloir, le compère d'une entreprise politique qui lui est
antipathique [1]. »

Est-ce pour secouer le poids de pareils ennuis que
Chateaubriand fit en 1845 le voyage de Venise, où il
allait revoir une dernière fois le comte de Chambord ?
A son retour, Sainte-Beuve fut parmi les premiers
qui l'allèrent saluer : « J'ai vu, l'autre jour, écrivait-il
à Collombet le 8 juillet 1845, M. de Chateaubriand
revenu de Venise à merveille; » et quelques jours
après (16 juillet) il disait encore : « M. de Chateaubriand est revenu assez bien portant de cette caravane
dernière, sauf les jambes qui ne comptent plus. »


# IV

Jusqu'au dernier jour, Sainte-Beuve suivit avec un
intérêt passionné la lutte suprême de ce grand génie
aux prises avec la mort. Relevons avec soin dans les
lettres à Collombet les témoignages relatifs à cette
période, parce qu'ils portent avec eux la marque
indiscutable de leur sincérité [2]. Chateaubriand, le
16 août 1846, fut victime d'un accident de voiture qui

---

[1] *Chroniques parisiennes*, p. 283.

[2] Les allusions imprimées ont infiniment moins de prix :
par exemple, lorsque Sainte-Beuve signale (article du
1er février 1846) l'omission du nom de Chateaubriand
dans le discours de réception d'A. de Vigny à l'Académie française, il faut y voir surtout un compliment flat-
teur à l'adresse de Molé. Cf. *Portraits littéraires*, t. III,
p. 410.

devait lui paralyser les jambes. Sainte-Beuve com-
mentait l'événement par ces quelques mots empreints
d'une grâce mélancolique et affectueuse : « Nous vieil-
lissons ici ; Chateaubriand, vous l'aurez vu par les
journaux, est tombé l'autre jour en montant en voiture. Chacun tombe ou glisse à sa manière [1]. »

Sainte-Beuve fut témoin de l'affaissement intellec-
tuel qui précéda la mort de Chateaubriand, et il suivit
avec douleur les progrès de cette décadence ; le 7 septembre 1847, il écrit à Collombet : « Chateaubriand
est plus muet que jamais ; il est dans les songes. Sa
bouche fine sourit encore, ses yeux pleurent, son large
front au repos a toute sa majesté. Mais qu'y a-t-il là
dedans et là dessous ? et y a-t-il quelque chose ? »

Ce témoignage, par sa date, prend une importance
capitale. En effet, une discussion s'est élevée entre
l'abbé Deguerry, curé de Saint-Eustache, et Sainte-
Beuve, sur les derniers moments de Chateaubriand.
L'abbé Deguerry, qui assista le grand écrivain à
l'heure suprême, écrivit au *Journal des Débats* le
4 juillet 1848 : « M. de Chateaubriand est mort ce matin à 8 heures un quart. Nous avons recueilli son dernier soupir. Il l'a rendu en pleine connaissance. Une
intelligence aussi belle devait dominer la mort et conserver, sous son étreinte, une visible liberté. » Sainte-
Beuve protesta contre cette affirmation dans l'appendice de son *Chateaubriand :* « Il était, dit-il, depuis

---

[1] Lettre à Collombet, 25 septembre 1846. La phrase
de Sainte-Beuve est légèrement inexacte ; Chateaubriand
*descendait* de voiture, quand le pied lui manqua, et il
se cassa la clavicule. Cf. *Souvenirs et Correspondance de
M*me *Récamier*, t. II, p. 554.

trois ou quatre ans dans un état d'affaiblissement qui
avait fini par être une véritable oblitération des facultés. Il ne s'intéressait à rien, ne causait plus, répondait à peine un *oui* tout court. Sa tête n'était plus
assez forte pour suivre une idée. En un mot, il ne
vivait plus, il végétait [1]. »

L'abbé Deguerry, à son tour, riposta [2]; mais Sainte-
Beuve ne jugea pas utile de répliquer.

Dans cette polémique, M. l'abbé Bertrin a pris parti
contre Sainte-Beuve, et pour récuser son témoignage
il invoque un 'pasage, daté de 1847, dans lequel
Sainte-Beuve dit de Chateaubriand : « Ce que j'en
apprends me donne une profonde tristesse. » Donc,
conclut M. l'abbé Bertrin, Sainte-Beuve, dans les
dernières années, ne voyait plus Chateaubriand [3].
La citation que nous avons faite prouve le contraire.
Sans doute Sainte-Beuve n'était pas auprès du lit de
mort de Chateaubriand, et il ne sait pas dans quelles
dispositions l'auteur du *Génie* a quitté cette terre; mais
il a raison de maintenir qu'en 1848 Chateaubriand ne
vivait plus de la vie intellectuelle. N'a-t-il pas, dans
cette période finale, recueilli jusqu'aux moindres
mots échappés à l'illustre moribond ? le 7 juin 1848,
il écrivait à Collombet : « Chateaubriand est comme
en un sommeil continuel ; il dit à peine des mono-
syllabes. Pourtant il disait à Béranger l'autre jour :
« Eh bien ! vous avez votre république. — Oui, je
« l'ai, répondit Béranger, mais j'aimerais mieux en-

[1] T. II, p. 398.
[2] *Revue de Bretagne et de Vendée*, 1863, t. II, p. 246
à 248.
[3] *Le Correspondant*, 1900, t. I. p. 920.

« core la rêver que la voir. ». Il serait donc téméraire
de rejeter sans discussion les notes du *Chateaubriand;*
car les fragments de lettres que nous avons donnés,
et qui portent avec eux la garantie de leur probité, ne
servent qu'à leur donner une confirmation nouvelle [1]

## V

La correspondance de Sainte-Beuve avec Collombet prouve combien le critique, dans son cours de
Liège, eut souci d'être documenté et vrai.

Le 25 février 1849, il écrit à Collombet :

« Dans mon cours sur Chateaubriand, je rencontre,
en venant aux *Martyrs,* la brochure de M. de Place [2].
Je la voudrais bien lire. Y aurait-il moyen de se la
procurer ? Si vous pouviez me l'avoir, voudriez-vous
me la faire parvenir à Paris, rue Montparnasse n° 1
*ter*, chez ma mère. J'y serai dans cinq semaines. S'il
n'y avait d'autre moyen que de l'acheter, vous pourriez me la faire tenir par les Périsse ; au reste, je
laisse le tout à votre amitié. »

En effet, Sainte-Beuve vint à Paris au mois d'avril ;

---

[1] Victor Hugo écrivait le 5 juillet 1848, le lendemain
de la mort de Chateaubriand : « Il était depuis cinq ou
six mois atteint d'une paralysie qui avait presque éteint
le cerveau... Vers les derniers temps de sa vie, Chateaubriand était presque en enfance. Il n'avait, me disait
M. Pilorge, son ancien secrétaire, que deux ou trois heures à peu près lucides par jour. » *Choses rues,* Nouvelle
série, p. 233 et 235.

[2] Il s'agit des sept articles analysés plus haut ; *cf.*
p. 62

il trouva chez sa mère le volume du *Bulletin de Lyon*
contenant les articles du Lyonnais de Place ; à la veille
de partir pour Liège il écrit à Collombet :

« Je vais aller reprendre mon collier ; j'emploie ici
mes derniers jours à ramasser notes et matériaux. Le
volume du *Bulletin* sera prêt dans deux jours... ; je
ferai tenir le volume bien empaqueté chez ma mère,
et j'attendrai vos derniers ordres à son sujet. — J'espère enfin avoir trouvé le fameux discours de réception, mais je n'en serai bien sûr que quand je le ver-
rai de mes yeux [1]. — Avez-vous souvenir, dans
Bonald, d'une belle page dans laquelle il compare son
livre de la *Législation primitive*, je crois, — avec le
*Génie du Christianisme ?* Lui est comme un *guerrier*
rude et armé de fer, l'autre est comme une *reine* un
jour de fête et dans sa pompe. Je recherche la belle
page sans pouvoir la retrouver. Cependant ce qui luit
chez Bonald doit sauter aux yeux, car il est plutôt fort
et sombre [2]. »

De ce long travail devait sortir un livre de premier
ordre. M. l'abbé Pailhès, dont le volume est plein de
promesses sur *Chateaubriand, sa femme et ses amis*,
nous dira exactement ce que fut l'homme ; il affaiblira
quelques conclusions de détail de Sainte-Beuve, mais
le livre restera dans son ensemble. M. A. Bardoux,
qui a écrit de beaux livres sur les amoureuses de Cha-

---

[1] Dans son cours (t. II, p. 103), Sainte-Beuve cita, de
ce discours, « quelques extraits, d'un texte *très probable* ».

[2] Lettre du 18 avril 1849. — Dans le *Chateaubriand*,
la comparaison entre le *Génie* et la *Législation* primitive n'est pas développée davantage ; t. I, p. 271.

teaubriand, le disait justement : « Il serait téméraire
et puéril, après Sainte-Beuve, d'essayer d'entreprendre
sur Chateaubriand une étude nouvelle ; non seulement
la moisson est faite, mais les gerbes sont liées. Le
grand critique n'a rien laissé à glaner [1] ».

Beaucoup de bons esprits, cependant, pour réfuter
ce livre magistral ont soutenu que c'était un livre de
mauvaise foi. Nous ne le pensons pas. Sainte-Beuve a
jugé sans complaisance, même avec mauvaise humeur,
l'œuvre et surtout la personne de Chateaubriand;
mais il n'a pas eu l'intention systématique de le dénigrer. On peut, semble-t-il, le prouver par de bonnes
raisons.

Rappelons d'abord que la mort d'un grand écrivain
donne toujours le signal des hostilités contre lui.
Chateaubriand a subi cette loi commune, comme l'ont
subie plus près de nous Lamartine et Victor Hugo. Et
ici la clameur hostile fut d'autant plus forte que
Chateaubriand avait en quelque sorte provoqué les
polémiques en lançant contre beaucoup de ses contemporains des accusations violentes qui les blessè-
tent au plus vif de leur amour-propre ; les *Mémoires
d'Outre-Tombe* légitimaient toutes les colères : un
livre, dans lequel il n'y avait d'*épargnés*, suivant
l'expression de Nisard, que les *oubliés* [2], devait déchaî-
ner une véritable tempête de protestations et de représailles ; de l'horizon politique aussi bien que de l'horizon littéraire accoururent une infinité d'adversaires,
qui, importunés par cette voix accusatrice sortant

---

[1] *La Comtesse Pauline de Beaumont.*
[2] *Histoire de la littérature française*, t. IV, p. 512,
5e édition, 1874.

d'une tombe, s'acharnèrent sur ce que le mort offrait encore de vivant à leurs coups, c'est-à-dire sa gloire.

Ces détracteurs avaient des raisons personnelles d'intervenir dans le débat, et la postérité impartiale se défie de leur jugement. Mais combien d'autres, absolument désintéressés dans la question, ont avoué leur désappointement !

Le comte d'Haussonville, qui avait suivi Chateaubriand à Rome comme attaché d'ambassade, traduisait en ces termes l'opinion des admirateurs désabusés du grand homme : « Ce furent les *Mémoires d'Outre-Tombe*, ce monument élevé par lui-même à sa gloire, qui m'ont mis sur la trace des défauts et des travers qui ont déparé cette grande renommée[1]. »

George Sand, un disciple de Chateaubriand, fervente admiratrice de celui qu'elle appelait « le plus grand maître de ce siècle », donnait de sa déception une expression très vive : « Je lis les *Mémoires d'Outre-Tombe*, et je m'impatiente de tant de grandes poses et de draperies. L'âme y manque, et moi qui ai tant aimé l'auteur je me désole de ne pouvoir aimer l'homme[2]. »

César Cantu, qui admirait l'à-propos du *Génie du Christianisme*, était sévère aux *Mémoires*. Il écrivait à Collombet le 7 avril 1851 : « Que M. de Chateaubriand aurait mérité de l'estime s'il avait eu le courage de brûler ses *Mémoires d'Outre-Tombe*, bavardage sénile, indigne même d'un journal. Quel vide dans la

[1] *Ma Jeunesse*, p. 167.
[2] Cité par Sainte-Beuve, *Chateaubriand*, t. II, p. 436. — Voir, à cet endroit, plusieurs jugements contemporains sur le même ouvrage.

tête ! quelle aridité dans le cœur ! Au moins Lamartine, avec sa guitare sentimentale, se fait écouter, quand on n'a rien de mieux [1]. »

Th. Foisset, un catholique qui se plaisait à proclamer les bienfaits du *Génie du Christianisme*, ajoutait : « Pourquoi faut-il que les *Mémoires d'Outre-Tombe* aient épaissi comme à plaisir les ombres qui obscurcissaient à peine l'incomparable éclat de ce livre triomphal ? La vaine gloire a été le mauvais génie de M. de Chateaubriand ; et il a vérifié une fois de plus par son exemple l'éternelle vérité de cette parole : *per quæ peccaverit per hæc puniatur* [2]. »

La publication des *Mémoires* fit donc baisser Chateaubriand dans l'estime de ses plus chauds admirateurs. Sainte-Beuve subit le contre-coup de cet état d'esprit général ; il tourna d'autant plus facilement à l'hostilité contre Chateaubriand qu'il était, en 1848, aigri par les déceptions personnelles, et qu'il n'apportait pas, à juger l'auteur du *Génie*, la sereine impartialité qu'on était en droit d'attendre de lui.

Cependant, disons tout de suite que les *Mémoires d'Outre-Tombe* ne renfermaient aucun passage injurieux à l'adresse de Sainte-Beuve ; celui-ci même y était nommé deux fois, avec éloge : dans une note écrite en 1839, Chateaubriand rappelait la part que Sainte-Beuve avait prise à l'édition des *Œuvres de*

[1] Lettre inédite (collection Collombet).

[2] Lettre inédite, 11 avril 1853 (collection Collombet). L'abbé Montfat, rendant compte dans l'*Univers*, le journal de L. Veuillot, du *Chateaubriand* de Collombet, disait des *Mémoires* : « Pourquoi une main amie n'a-t-elle pas brûlé ce livre qui pèse tant sur sa mémoire ? »

*Fontanes*, « ornant, disait-il, de son ingénieuse notice le fronton du monument[1] » ; ailleurs Chateaubriand, prononçant le nom de Mme de Charrière, ajoutait que cette femme d'esprit avait été « délicatement observée par M. de Sainte-Beuve[2] ».

Mais, en 1848, Sainte-Beuve était peu disposé à la bienveillance.

D'abord la Révolution de 1848 l'avait troublé dans ses chères habitudes de vie tranquille ; et surtout le hasard malencontreux avait voulu que son nom fût porté sur la liste des fonds secrets du gouvernement tombé, que les vainqueurs s'empressaient de publier pour déshonorer les vaincus. Sainte-Beuve qui, en réalité, n'était coupable que d'avoir touché 100 francs pour une réparation faite à la cheminée de son appartement de l'Institut, jugea qu'il devait à sa dignité d'offrir sa démission de conservateur à la Bibliothèque Mazarine. Encore une fois son échafaudage de vie s'écroulait, au moment même où il paraissait enfin s'être arrangé une existence conforme à ses ambitions : « Écrire de temps en temps des choses agréables, en lire et d'agréables et de sérieuses ; mais surtout ne pas trop écrire ; cultiver ses amis, garder de son esprit pour les relations de chaque jour et savoir en dépenser sans y regarder ; donner plus à l'intimité qu'au public ; réserver la part la plus fine et la plus tendre, la fleur de soi-même, pour le dedans ; jouir avec modération, dans un doux commerce d'intelligence et de sentiment, des saisons dernières de la jeunesse[3]. » Tiré brutale-

[1] Édition Biré, t. II, p. 165.
[2] *Ibid.*, t. IV, p. 303.
[3] *Chateaubriand*, t. I, p. 6.

ment de son rêve, Sainte-Beuve allait recommencer
contre les besoins matériels cette lutte où tant de son
énergie s'était usée jusque-là ; il allait quitter de nouveau sa patrie, consentir à l'exil de Liège, et provoquer, d'abord en France par son départ, des rail-
leries et même des insultes, puis en Belgique, par son
arrivée, une série de polémiques blessantes.

En second lieu, Sainte-Beuve, loin de Paris, croyait
se devoir à lui-même de se départir du respect que
d'ordinaire il professait volontiers pour les grands
hommes. Des femmes distinguées, M^me Récamier et
M^me d'Arbouville, l'avaient introduit dans une société
d'élite ; en revanche, il avait accueilli leurs conseils
qui l'inclinaient à une critique indulgente, aimable,
dégagée de toute amertume : « Voilà ce qui est bon,
ce qui est doux entre gens qui s'estiment, lui disait
M^me d'Arbouville, tenir à l'approbation morale jusqu'à
concurrence de son indépendance ; *vouloir plaire et
rester libre*[1]. » Dès que ces influences féminines
eurent cessé d'agir sur l'esprit de Sainte-Beuve, il
s'exagéra la servilité dans laquelle on l'avait tenu
jusque-là, et il secoua le joug d'une devise qu'il accusait d'enchaîner sa liberté : « Pour les jugements littéraires, disait-il plus tard, j'ai pensé dès longtemps
qu'on ne les aurait tout à fait libres et indépendants
sur les hommes de France, qu'en étant à la frontière,
à Genève, à Bruxelles, — à Liège[2] ». Déjà, dans la

---

[1] *Chateaubriand*, t. I, p. 6.

[2] *Sainte-Beuve chroniqueur*, par J. Troubat, dans les
*Chroniques parisiennes*, p. 5. Il écrivait à J. Olivier vers
1843 : « Ma position personnelle est très bonne, quand je
ne vais pas dans le monde et que je boude. Alors j'ose.

*Revue Suisse*, il s'était émancipé et, quittant le ton
serein de la critique, il s'était exercé aux menues
anecdotes littéraires, aux commérages, et aux petites
méchancetés de la médisance *parlée*. A Liège, il gar-
dera même dans un cours public quelque chose de
l'attitude frondeuse et du sans-gêne du chroniqueur.

Chateaubriand, nous l'avons vu, fut ménagé par
Sainte-Beuve pendant sa collaboration à la *Revue
Suisse*. Mais en 1849 le critique découvrit tout à coup
contre lui des griefs, qui le déliaient de son ancienne
admiration : « En toute circonstance, dit-il, M. de
Chateaubriand s'est montré peu favorable et même
contraire à l'ordre d'idées et d'efforts poétiques auxquels ma jeunesse s'est associée et que sa vieillesse
était faite pour accueillir, puisque la source avait
jailli sous son ombre, et comme entre les pieds du
vieux chêne [1]. » Il serait facile, en effet, de relever
dans les œuvres de Chateaubriand des attaques très
vives contre la jeune école ; ainsi, désenchanté par
ses déceptions politiques, Chateaubriand ne craignait
pas d'étendre à la littérature ses plaintes pessimistes :
« Il est possible, hasardait-il en 1831, que nous-
mêmes, comme nation, nous entrions dans les jours
de décrépitude. Tout paraît usé : arts, littérature,
mœurs, passions ; tout se détériore. Les plus nobles
délassements de l'esprit sont remplacés par des spectacles grossiers ; si l'on pouvait faire renaître les gla-
diateurs, ils obtiendraient un succès que n'ont point
les chefs-d'œuvre de Voltaire, de Racine, de Corneille

Quand j'y retourne, quand je suis repris, alors je deviens
plus timide. » *(Bibl. univ. et Revue Suisse*, 1876, p. 394.)
[1] *Chateaubriand*, préface de 1849, p. 18.

et de Molière[1]. » Ces reproches grondeurs, dont la
vieillesse s'est plu, en tous temps, à poursuivre les
jeunes générations, devaient émouvoir Sainte-Beuve
lorsqu'il portait les couleurs de Victor Hugo et enrô-
lait des soldats sous le drapeau romantique ; mais, en
1849, les protestations de Sainte-Beuve paraissaient
un anachronisme ; en 1837, nous a-t-il dit lui-même,
« je n'appartenais plus au groupe étroit des poètes.
Je m'étais sensiblement éloigné de Hugo, et ses par-
tisans ardents et nouveaux n'étaient plus, la plupart,
de mes amis : ils étaient plutôt le contraire[2]. » Le
transfuge romantique avait-il le droit de se poser en
avocat d'une cause qu'il avait trahie lui-même ?

En réalité, Sainte-Beuve détestait en Chateaubriand
le champion officiel de la légitimité et de la religion.
Déjà, en 1834, il se refusait à juger les brochures
politiques de Chateaubriand, se trouvant incapable,
comme il disait, « par suite d'habitudes anciennes et
de convictions démocratiques, d'entrer dans la fiction
des races consacrées et des dynasties de droit[3] ».
Jamais il n'admit que la société moderne trouvât son
compte dans le principe caduc de la légitimité que
Chateaubriand mettait à honneur de vénérer. De plus,
les opinions religieuses de Sainte-Beuve, indécises en
1834, s'étaient définitivement orientées vers la libre-

---

[1] *Nouvelle proposition relative au bannissement de
Charles X et de sa famille,* 8 décembre 1831 ; *Essai sur
la littérature anglaise, Épître dédicatoire* en tête des
*Œuvres de Fontanes* (1839), *Mémoires d'Outre-Tombe,*
édition de 1850, t. IV, p. 62), etc.

[2] *Souvenirs et Indiscrétions,* p. 48.

[3] *Lectures,* p. 115.

pensée ; et il éprouvait, sans doute, une joie de dilettante à prendre le restaurateur du christianisme en flagrant délit de doute, et même d'impiété. Voilà les raisons qui obscurcirent à l'endroit de Chateaubriand le goût habituellement sûr de Sainte-Beuve. Il combattait dans un camp opposé à celui de Chateaubriand ; la grâce souveraine de M^me Récamier le réconcilia avec son adversaire pendant quelques années : celui-ci mort, il redevint, ce qu'il n'aurait jamais dû cesser d'être, l'ennemi du grand écrivain royaliste et catholique.

Il n'eut donc qu'à se laisser aller à sa vraie nature pour le juger avec sévérité. Cette sévérité, il l'exagéra peut-être à cause de la conception spéciale qu'il se faisait de la critique hors frontière ; mais il ne croyait pas manquer aux convenances, outrepasser les privilèges de sa fonction. « Il m'est pénible, écrivait-il à Collombet, d'avoir à me prononcer, si rudement parfois, sur des hommes que j'admire et que j'ai connus. Mais faisant un métier, je ne puis que le faire honnêtement et en toute droiture[1] ».

Nous nous refusons donc à incriminer la mauvaise foi de Sainte-Beuve. De même qu'il n'a pas été un *faussaire*, il n'a pas non plus systématiquement dénigré l'auteur du *Génie*, devant ses auditeurs de Liège.

N'est-ce pas lui qui, au dire même de M. l'abbé Bertrin, a donné, en faveur de la sincérité religieuse de Chateaubriand, l'argument le plus *décisif* qu'on puisse invoquer, quand il a publié la fameuse lettre à Fontanes, témoignage irrécusable de sa conversion[2]?

---

[1] Lettre du 4 juillet 1850.
[2] *La Sincérité*, p. 152-157. M. Gustave Michaut a fait

N'est-ce pas Sainte-Beuve qui, ayant à choisir entre
les aveux successifs de Chateaubriand sur les motifs
de son voyage en Palestine — voyage de peintre, de
pèlerin ou d'amoureux — s'en tient aux motifs littéraires proposés par l'écrivain : « J'allais chercher des
images, voilà tout [1] » ? Le critique que l'on nous peint
acharné contre Chateaubriand, au point de lui attri-
buer faussement une phrase dangereuse, écarte lui-
même cette phrase et rejette l'explication piquante,
dont son humeur maligne se fût si bien accommodée.

Mais, pour défendre Sainte-Beuve contre ses détracteurs, il suffirait peut-être de remarquer que tous lui
ont emprunté des pages de son *Chateaubriand*,
jugeant inutile de redire autrement ce qu'il avait dit
avec tant de bonheur, le premier. Qui mieux que lui
a distingué les éléments dont était faite l'âme com-
plexe de René[2] ? Qui donc a célébré plus magnifiquement la fécondité inépuisable de l'imagination de
Chateaubriand[3] ? Qui donc a dit, entrainé par un
enthousiasme communicatif : « M. de Chateaubriand
est et demeure en définitive le premier écrivain original de notre âge[4] » ? Et l'on sait sur quelle conclusion Sainte-Beuve arrête nos regards : « Ce qu'il faut
dire en terminant, c'est qu'il était un grand magicien,
un grand enchanteur... celui que notre siècle, jeune

déjà cette remarque piquante dans une brochure solide,
*Chateaubriand et Sainte-Beuve*, Fribourg, 1900, écrite en
réponse à la thèse de M. l'abbé Bertrin.

[1] *Chateaubriand*, t. II, p. 74.
[2] T. I, p. 99.
[3] T. I, p. 200.
[4] T. I, p. 377.

encore, salua et eut raison de saluer comme son
Homère[1] ».

Si ce livre avait paru en 1849, nul doute qu'au lieu
de faire scandale, on l'eût considéré comme un monument d'admiration élevé au grand écrivain à l'heure
critique de la réaction contre une gloire hier si brillante ; Sainte-Beuve eût fourni des armes aux rares
panégyristes restés fidèles au souvenir de Chateaubriand ; de tous les hommages déposés sur la tombe
du grand Bé, celui de Sainte-Beuve eût paru le plus
délicat, le plus respectueux et le plus élevé.


## VI


Malheureusement, la publication de cet ouvrage fut
ajournée jusqu'en 1860.

Faut-il voir dans ce retard un calcul de Sainte-
Beuve? M. d'Haussonville fait observer que Sainte-
Beuve « ne voulut pas soulever d'orage parmi les
derniers survivants de l'Abbaye-aux-Bois[2] ». Il n'en
est rien, car si Sainte-Beuve avait eu l'intention de
ménager des susceptibilités légitimes, il n'eût pas
publié, quelques mois après, au *Constitutionnel*, les
articles dont nous parlerons bientôt.

Mais il fut absorbé dès sa rentrée en France, par
sa collaboration au *Constitutionnel*; la publication de
son *Cours*, qu'il ne perdait pas de vue, était sans
cesse ajournée. Le 14 juin 1851, il écrit à Collombet:
« Je compte, vers la fin de l'année, donner mon pro-

[1] *Chateaubriand*, t. II, p. 114.
[2] *Sainte-Beuve*, p. 216.

pre volume sur Chateaubriand, mon cours de Liège *tel quel ;* mais le temps d'y mettre la dernière main m'a toujours manqué jusqu'ici. » Que l'on se souvienne de la lenteur avec laquelle Sainte-Beuve publia les divers volumes de son *Port-Royal,* préparé cependant et rédigé à Lausanne : donc il n'est pas besoin d'invoquer ici des scrupules, si honorables qu'on les suppose.

De plus, en 1850, les *Mémoires d'Outre-Tombe* paraissaient dans la *Presse;* Sainte-Beuve, toujours à l'affût de l'actualité, ne devait-il pas avoir l'occasion de parler de Chateaubriand dans ses articles hebdomadaires? La prudence lui commandait de ne pas offrir de suite au public tous les matériaux de son *Cours.*

Ces matériaux, en effet, lui servirent pour les trois articles qu'il publia en 1850, et qui l'ont fait accuser d'avoir « poursuivi avec acharnement la mémoire de Chateaubriand[1] ». En réalité, Sainte-Beuve n'a dénigré en Chateaubriand ni le politique, ni l'écrivain, ni même l'homme.

D'abord s'il juge froidement les brusques écarts qui ont porté l'ultra de 1815 dans le camp même des libéraux, il rend hommage au promoteur de la guerre d'Espagne et, au milieu de tant de contradictions, il découvre quelque unité dans la fidélité de Chateaubriand au double culte de la liberté et de l'honneur[2].

---

[1] M. d'Haussonville, p. 216.

[2] Il ajoute, il est vrai, à propos de la ligne politique suivie par Chateaubriand : « Combien de fois on la verrait brisée par la colère, le ressentiment et les plus chétives des passions. » Pour justifier Sainte-Beuve, il suffit de se

Ensuite, est-ce faire tort à l'écrivain que de déplorer dans les *Mémoires* l'abus de l'imagination, les étrangetés de la pensée, la subtilité et la recherche du trait, les singularités archaïques? Les juges les plus indulgents de cet ouvrage souscriraient à ces critiques, satisfaits d'ailleurs par ce magnifique éloge, sorti de la plume de Sainte-Beuve:

« On y sent à bien des pages le trait du maître, la griffe du vieux lion, des élévations soudaines à côté de bizarres puérilités, et des passages d'une grâce, d'une suavité magiques, où se reconnaissent la touche et l'accent de l'enchanteur. »

Est-ce l'homme, enfin, dont Sainte-Beuve aurait médit? On peut trouver déplacé que Sainte-Beuve ait fait un article sur *Chateaubriand romanesque et amoureux*, car la postérité juge un écrivain d'après son génie et non d'après ses aventures de cœur ; il nous importe assez peu de savoir si Chateaubriand fut un « homme à bonnes fortunes », pourvu qu'il ait été l'auteur de *René* et d'*Atala*. Mais ici Sainte-Beuve était fidèle à son programme critique : « Tant qu'on ne s'est pas adressé sur l'auteur, disait-il, un certain nombre de questions et qu'on n'y a pas répondu, on n'est pas sûr de le tenir tout entier » ; et parmi ces questions nécessaires, il indique celle-ci : Comment se comportait-il sur l'article des femmes[1]? A l'égard

rappeler, par exemple, la singulière volte-face de Chateaubriand, d'abord favorable à Louis-Philippe, puis, à quelques semaines de là, violemment hostile contre lui. Cf. *Ma Jeunesse*, par M. d'Haussonville, p. 220 et 221.

[1] Cité par A.-J. Pons, *Sainte-Beuve et ses inconnues*, p. 11. La méthode, ou le voit par le titre même de ce livre, s'est retournée contre Sainte-Beuve,

de Chateaubriand, Sainte-Beuve promettait d'être discret ; a-t-il tenu parole ?

M. l'abbé Bertrin lui en veut d'avoir expliqué ce qu'il appelait poétiquement le « parfum d'oranger voilé ». Mais les amis de Chateaubriand n'y mettaient pas plus de façon. Qui donc a publié ce fragment de lettre du 27 août 1822, qui nous montre Chateaubriand faisant d'actives démarches pour représenter la France au Congrès de Vérone, non pas par ambition politique, par désir de sauver la monarchie, mais bien par impatience de se rapprocher de M<sup>me</sup> de Récamier[1] ?

Sainte-Beuve a cité et commenté une lettre que René écrit à Céluta, vers la fin des *Natchez;* il croit pouvoir en conclure que Chateaubriand « fait toujours entrer dans l'amour un vœu, un désir ardent de destruction et de ruine du monde ». Si nous en doutions encore après avoir lu cette page troublante, le fragment inédit, récemment publié par M. V. Giraud, lèverait nos doutes : « Veux-tu me combler de délices ? s'écrie Chateaubriand sexagénaire à la pure enfant qui s'offre. Fais une chose : sois à moi, puis laisse-moi te percer le cœur[2]. »

Un dernier grief, le plus sérieux, est celui-ci : Sainte-Beuve a consulté sur Chateaubriand cette Hortense Allart de Méritens, dont les confidences érotiques ont paru sous ce titre : *les Enchantements de Prudence.* « Sainte-Beuve, qui avait eu communication du manuscrit, dit M. Biré, a longuement remué cette vase pour en faire rejaillir les éclaboussures sur le visage

---

[1] Voir surtout la lettre du 27 août 1822, dans *Souvenirs et Correspondance de M<sup>me</sup> Récamier*, t. I, p. 436.

[2] *Revue des Deux Mondes*, 1<sup>er</sup> avril 1899.

de Chateaubriand[1]. » Nous ne nous portons pas ga-
rant de la véracité de cette infatigable amoureuse;
cependant il est sûr que Chateaubriand a entretenu
avec elle une correspondance qui va, avec quelques
interruptions, de 1829 jusqu'au mois d'avril 1847;
Sainte-Beuve a lu ces lettres, et il en a cité quelques-
unes, où s'offrent des révélations inattendues. Par
exemple, ne regretterait-on pas de n'avoir pas ce beau
portrait que Chateaubriand fait à cette femme de son
éternelle mélancolie : « (Dimanche, 6 juin 1841.) J'ai
fini de tous et avec tout : mes Mémoires sont achevés;
vous m'y retrouverez quand je ne serai plus. Je ne
fais rien : je ne crois plus ni à la gloire, ni à l'avenir,
ni au pouvoir, ni à la liberté, ni aux rois, ni aux
peuples. J'habite seul, pendant une absence, un grand
appartement où je m'ennuie et attends vaguement je
ne sais quoi que je ne désire pas et qui ne viendra
jamais. Je ris de moi en bâillant et je me couche à
neuf heures. J'admire ma chatte qui va faire ses petits,
et je suis éternellement votre fidèle esclave; sans
travailler, libre d'aller où je veux et n'allant nulle
part. Je regarde passer à mes pieds ma dernière
heure[2]. »

---

[1] *Mémoires*, édition Garnier, t. VI, p. 405, note. —
Hortense Allart a peut-être un peu trop bavardé, mais
tous les attachés d'ambassade de Rome connaissaient sa
liaison avec Chateaubriand : cf. d'Haussonville, *Ma Jeunesse*, p. 190 et 213.

[2] *Lundis*, t. II, p. 160. Quelques mois après, à Clausel
de Coussergues il écrivait (26 novembre 1841) : « Vous
savez que je ne crois plus que dans la religion. Jésus-
Christ est désormais mon seul et unique maître. » Cité
par M. Bertrin, p. 394. Le rapprochement est piquant!

Sainte-Beuve a commis une médisance, mais on ne peut nier qu'il n'ait éclairé d'un jour singulier les profondeurs de cette âme de René, que Chateaubriand lui-même n'avait montrée qu'à travers le voile de sa phrase magique[1].

N'eût-il pas enfoncé plus avant encore, s'il eût connu le fragment que nous citons plus haut? L'épisode de cette « Vierge des dernières amours » vient confirmer les vues du psychologue ingénieux et pénétrant qui avait lu dans l'âme de Chateaubriand ; oui, il a dit vrai, Chateaubriand n'a pas su vieillir, il n'a cherché dans l'amour que « le regret, le souvenir, le songe éternel, le culte de sa propre jeunesse » ; ses aveux passionnés étaient toujours empoisonnés par je ne sais quel germe malsain d'inquiétude, de mélancolie, d'aspiration au néant : « Vieilli sur la terre, sans avoir rien perdu de mes rêves, de mes folies, de mes vagues tristesses ; cherchant toujours ce que je ne puis trouver ; joignant à mes anciens maux le désenchantement de l'expérience, la solitude des déserts à l'ennui du cœur et la disgrâce des années, dis, n'aurai-je pas fourni aux démons, dans ma personne l'idée d'un supplice qu'ils n'avaient point encore inventé dans la région des douleurs éternelles[2]? »

---

[1] Il écrivait à Joubert, décembre 1803, en lui annonçant son intention d'écrire les Mémoires de sa vie : « Je n'entretiendrai pas la postérité du détail de mes faiblesses... que gagnerait la société à la reproduction de ces plaies que l'on trouve partout? »

[2] *Revue des Deux Mondes*, 1er avril 1899, p. 657.

## VII

Nous pouvons conclure qu'il y a, dans ces articles de Sainte-Beuve, autre chose que l'expression d'une jalousie mesquine. Il est trop facile de le récuser en prétextant son incorrigible manie de curiosité ; en lui le fureteur sagace se doublait d'un critique très épris du *vrai ;* le vrai, il l'a cherché partout, dans les moindres coins et recoins où il soupçonnait qu'il pouvait se dérober ; merveilleusement doué pour l'investigation, il n'hésitait jamais à livrer au public le résultat de ses découvertes, croyant travailler à cette « histoire naturelle des esprits », par où doit s'enrichir « le trésor de l'observation humaine ».

Il a cru qu'après la mort de Chateaubriand l'heure des flatteries était passée et que la mémoire du grand écrivain avait droit à l'honneur d'un jugement où la vérité ne fût plus déguisée sous les complaisances. Voyez-le célébrant à sa manière, en 1854, l'anniversaire du *Génie du Christianisme*. Il emprunte à un exemplaire manuscrit de l'*Essai sur les Révolutions* des notes écrites par Chateaubriand lui-même, et qui donnaient au livre un accent non déguisé d'athéisme. L'auteur du *Génie* serait-il donc un incroyant ? Mais non : Sainte-Beuve possède le document décisif, une lettre que Chateaubriand écrivait à Fontanes, le 25 octobre 1799, dans la ferveur de sa conversion, et cette « réponse victorieuse » aux notes marginales de l'*Essai*, Sainte-Beuve la publie [1]. Voilà, si nous ne

[1] Cette lettre, il l'avait trouvée autrefois dans les papiers de Fontanes ; n'ayant pas demandé à la fille du poète

nous trompons, qui en dit long sur la méthode critique de Sainte-Beuve : un admirateur craintif de Chateaubriand aurait caché les tares de cette âme un instant dévoyée, jeté un voile décent sur ces apostasies
de jeune homme. Sainte-Beuve ne croit pas qu'il ait
le droit de le faire; certes, la question est délicate :
mais plus Chateaubriand paraîtra à ses débuts rebelle
à l'idée chrétienne, plus dans la suite son exaltation
religieuse tournera à son honneur et à celui de la
religion. . .

Quand on a surpris la vraie nature de l'esprit de
Sainte-Beuve, on laisse tomber beaucoup des accusations dirigées contre le critique. Mettons-nous en face
de son *Chateaubriand*, et demandons-nous si le livre,
en définitive, mérite l'anathème.

Sainte-Beuve l'a surchargé de notes et d'appendi-
ces; il voulait rajeunir son *Cours* vieux déjà de onze
années, et dans son ardeur de nouveauté il a souvent
dépassé la mesure. Sans aller jusqu'à dire avec les
Goncourt que ces notes sont « des nids de vipères [1] »,

l'autorisation de la publier, il fut accusé d'indélicatesse
par ceux-là mêmes, semble-t-il, qui avaient le plus d'intérêt à cette publication (cf. *Correspondance de Sainte-
Beuve*, p. 263; Pailhès, *Du nouveau sur Joubert*).

[1] *Journal*, première série, t. III, p. 198. — « Sainte-
Beuve, a dit son ami Juste Olivier *(Bibl. univ. et Revue
Suisse*, 1876, p. 573), me montrait ses papiers, surtout un
gros carnet in-4° qu'il appelait ses *Poisons*, dans lequel il
consignait toute espèce de notes, mordantes et crues,
telles qu'elles lui venaient. Quelques-unes avaient déjà
passé dans la *Revue Suisse*. Par la suite, il en a mis plusieurs, peut-être toutes, dans ses livres, dans le *Chateaubriand*, entre autres. »

on peut être choqué par des sous-entendus perfides, par des interprétations plus malicieuses que justes ; accordons encore aux âmes délicates que la publication du journal amoureux de M^me Allart choque les convenances élémentaires. Mais rappelons qu'en 1860 la majorité des critiques adopta le jugement porté par Sainte-Beuve sur Chateaubriand. Seuls, M. de Loménie et M. de Pontmartin protestèrent[1]. Mais combien d'approbations reçut l'auteur de *Chateaubriand !* A. Peyrat, E. Scherer, J. Levallois. A. de Circourt, Léo Joubert, Hipp. Lucas, Prévost-Paradol furent indulgents au livre, ou même en dépassèrent les conclusions[2]. Quelques-uns des admirateurs les plus déterminés de Chateaubriand insinuèrent quelques réserves, mais ne surent pas résister à la séduction du critique[3].

A notre époque, le livre a subi un assaut redoutable, et son auteur a été qualifié de « ramasseur de petits papiers », d' « infatigable crocheteur de serrures, au sens moral », en attendant qu'on fît planer sur lui l'accusation de « faussaire[4] ». Le voilà qui

---

[1] Cf. L. de Loménie, *Esquisses historiques et littéraires*, p. 221 : Pontmartin, *Semaines littéraires*, p. 22.

[2] Voir surtout la *Correspondance* et la *Nouvelle Correspondance* de Sainte-Beuve.

[3] M. Fr. Saulnier, le savant biographe d'Ed. Turquéty, écrivait après une première lecture du *Chateaubriand :* « Je ne crois pas qu'il ait paru depuis longtemps un livre de critique biographique et littéraire plus attrayant, plus facile à lire, plus nourri d'aperçus fins, de comparaisons ingénieuses, d'appréciations exactes et vraies. » Cf. Fr. Saulnier, *Chateaubriand et sa foi religieuse*, Vannes, 1900, p. 9, en note.

[4] L'abbé Bertrin, la *Sincérité*, p. 15, le *Correspondant*

pourtant reprend la place qu'il doit occuper dans l'histoire de la critique au XIXᵉ siècle ; si l'on convient qu'il ne renferme pas le dernier mot sur Chateaubriand, — et qui donc peut se vanter de connaitre René ? — on rend justice, du moins, au talent de son auteur, et surtout on accepte cette fière déclaration qu'il faisait au lendemain de la publication de son étude : « J'ai voulu plusieurs choses dans ce livre sur Chateaubriand, ou plutôt je n'en ai voulu qu'une : *être vrai* et rendre le vrai[1]. »

*l. c.* M. G. Michaut, qui a pris contre M. l'abbé Bertrin la défense de Sainte-Beuve, s'est efforcé d'être mesuré, et il y a réussi peut-être trop. On attendait avec curiosité l'entrée en lice de M. E. Biré ; contrairement à ses habitudes, l'infatigable polémiste a gardé le silence.

[1] Lettre du 24 décembre 1860, à M. A. de Circourt. *Correspondance*, t. I. p. 267.

# TABLE DES MATIÈRES

Lyon. — Imp. A. Rey, 4, rue Gentil.    37811

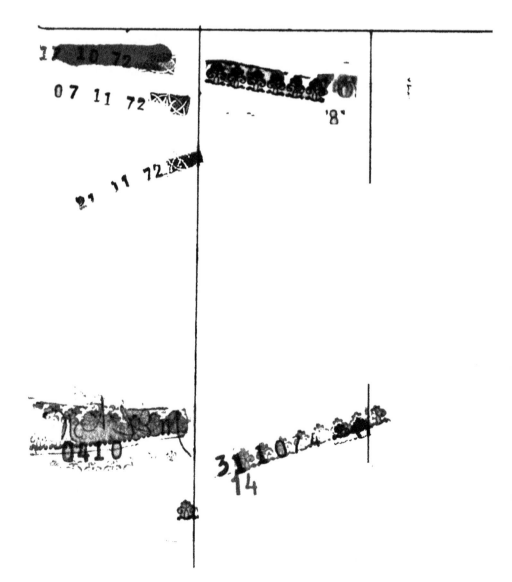